20세기의 위대한 연극인들

배우, 연출가, 극작가

차례
Contents

20세기 : '연출가의 연극'시대 개막

21세기를 맞이하여, 지난 한 세기 동안의 서양연극사를 돌아보면 그 양상이 너무도 다양해, 이를 하나의 일정한 틀 속에 넣어 기술하는 일은 거의 불가능해 보인다. 오히려 그런 다양함이 하나의 사조를 형성한다고 말할 수 있을 정도이다. 결국 20세기 서양연극사를 개관하기 위해서는 필자의 주관에 따라 연극계의 흐름을 주도한 대표적인 연극인들을 소개할 수밖에 없다. 한 가지 분명한 점은 20세기의 연극은 '연출가의 연극'이며, 관객 또한 연극공연의 여러 요소들을 총체적으로 아우르는 연출에 초점을 맞춰 관극을 하고 있다는 사실이다. 예술적인 능력을 인정받은 연출가의 작품이 늘 관심과 논의의 대상이 되는 것은 바로 이 때문이다.

기원전 5세기경 그리스에서 시작된 서양연극은 19세기까지 일반적으로 통용되던 미학적 규범의 제약을 받았다. 그러나 19세기 말부터 20세기 초의 전환기에 그 규범은 빠른 속도로 와해되었고, 이후 수많은 '이즘'과 운동들이 등장했다. 이들 가운데 일부는 단명했고, 또 일부는 긴 생명력을 유지했는데, 그 어느 것이나 20세기 연극사에 커다란 족적을 남겼다. 회화, 무용, 건축 등과 같은 인접 장르와 테크놀로지의 발달도 연극계에 미친 영향이 적지 않다.

현대적인 의미에서 최초의 연출가는 독일의 소공국 작센-마이닝겐(Saxen-Meiningen)의 게오르크 2세라고 보는 것이 학계의 통설이다. 그는 연극애호가로서 1866년에 공작위를 계승한 후, 궁정극장에 '마이닝겐 극단'을 창단하고 직접 운영하였다. 게오르크 2세는 마이닝겐 극단을 순수한 앙상블로 정비하고자 했는데, 그의 작업 원칙은 스타를 영입하지 않고, 극단원 중 스타가 된 배우가 있더라도 필요하면 대사 한마디 없는 단역이나 엑스트라로 출연시키기도 했다. 이는 스타에 의존하던 당시의 관습을 과감히 깬 것이었다. 마이닝겐 극단의 상주 단원은 70여 명에 이르렀고, 작품에 따라 엑스트라까지 포함하여 200여 명이 참여하기도 했다. 대부분의 배우들은 아마추어였고, 때문에 이들을 훈련시키는 일은 그의 중요한 과제 가운데 하나였다.

게오르크 2세는 연극대본을 문학적 측면에서보다 무대이미지적 측면에서 다루었다. 그는 텍스트를 연구·분석하여 세밀한 장면들을 그려냈고, 의상도 직접 디자인했다. 무대디자인에 있어서도 게오르크 2세는 고전주의의 대칭구도와 낭만주의의 요란한 스펙터클 대신에 고정된 배경화를 사용하여 배우들의 움직임이 뚜렷하게 드러나도록 했다. 배우들의 움직임은 '제4의 벽'(무대와 관객 사이에 실제로 존재하지 않는 벽) 너머에서 이루어졌으며, 이때 정적인 배경과 동적인 배우의 상호작용 및 조화는 매우 중시되었지만, 무대와 객석 간의 커뮤니케이션은 아직 고려되지 않았다. 또한 무대 위의 대·소도구와 소품, 의상 등은 역사적으로 고증된 사실에 근거하여 만들어졌다. 이러한 점 때문에 마이닝겐 극단의 공연은 경직된 역사주의에 머물고 있다는 혹평을 받기도 했지만, 순수한 앙상블의 형성, 앙상블 연기를 위한 배우훈련, 장기간의 리허설, 텍스트의 드라마투르기적 작업, 고증된 무대디자인 등에서 뛰어난 업적을 남겼다는 호평을 받았다. 마이닝겐 극단은 1874년부터 1890년까지 유럽 전역에서 총 2,590여 회에 이르는 순회공연을 함으로써 연출가 시대를 연 자유극장운동에 기폭제 역할을 하였다.

자유극장 운동과 그 후의 혁명적인 시도들

앙트완

좌절한 배우로서 아마추어 연극동아리의 일원이었던 앙드레 앙트완(André Antoine)은 1887년 파리에서 테아트르 리브르(Théâtre Libre, 자유극장)를 결성했다. 그는 마이닝겐 극단의 순회공연을 보면서 철저한 리허설의 결과물이라고 할 수 있는 군중 장면과 제4의 벽 너머에서 움직이는 배우들의 연기에 깊은 인상을 받았다고 한다.

테아트르 리브르는 예술의 자유를 추구하였으며, 검열을 피하기 위해 회원제 예약시스템으로 운영되었다. 또한 특정 유파에 물들지 않은 사람 가운데, 낮에는 다른 직업에 종사하는

30여 명의 아마추어들로 극단을 구성하였다. 앙트완은 이들과 함께 당시의 연기방식과는 전혀 다른 친밀하고도 자연스러운 연기스타일을 발전시켜 나갔다. 그는 연기지도에 있어서도 억지로 만드는 것이 아니라 스스로 체득하는 것, 기발한 아이디어에 따른 것이 아니라 경험에서 나온 것, 습득된 포즈가 아니라 진실, 즉 일상과 똑같이 움직이는 온몸의 연기를 보이는 것에 중점을 두었다.

이로써 테아트르 리브르는 자연주의 연극을 관철한 것으로 연극사에 길이 남았지만, 앙트완은 스스로를 개혁가로 여긴 적이 없었다. 그저 당대에 제대로 평가받지 못했던 작품들을 무대화하는 것을 목표로 삼았을 뿐이다. 따라서 그의 레퍼토리에는 소극이나 멜로드라마, 역사극, 운문극, 마임, 그림자극 등 다양한 장르가 포함되어 있었고, 그 가운데서도 앙트완의 주안점은 '삶의 단편'을 간결하게 보여주는 단막극에 놓여 있었다. 단막극 공연이 성공함에 따라 차츰 장막극으로 레퍼토리를 넓혀 갔지만, 이 또한 인간의 삶을 어떤 변화나 여과 없이 현실 그대로 재현한 것들이 주류를 이루었다.

배우들의 연기를 통해 재현되는 현실은 '참된' 삶의 터전으로 꾸며진 무대에서 선보여졌다. 앙트완은 진짜 회칠한 벽으로 방이나 실내를 꾸며 무대를 만들었고, 그곳에 창문과 출입이 가능한 문을 달았다. 나무가 있어야 하는 곳에는 진짜 나무 등걸을 세웠고, 극의 장소가 푸줏간일 때에는 살코기를 걸어 놓기도 했다. 그의 연극에서는 인간이 환경을 지배하는 것이 아니라 환경이 인간을 지배하는 듯 보일 정도였다.

앙트완이 테아트르 리브르를 이끌었던 7년간 총 110편이 넘는 작품이 무대에 올려졌다. 그중 대부분이 초연이었고, 외국 작품도 다수를 차지하였다. 즉, 앙트완은 자유극장운동의 특색인 실험과 다국적주의를 몸소 실천했던 것이다. 그는 분명 무대 위에서의 '참됨'과 '진실'을 추구했던 연출가였다. 또한 원작을 훼손하지 않고 충실하게 무대화함으로써 극작가를 우선시한 연출가이기도 했다.

브람

앙트완의 시도는 1889년 독일에서 프라이에 뷔네(Freie Bühne, 자유무대)의 결성을 자극했다. 프라이에 뷔네는 기존 의 극장 무대에 올리기 힘든 현대 드라마를 공연하는 등 획일적인 관습에서 벗어나 '살아있는 예술'을 지향한다는 목표 아래 결성된 연합체로서, 오토 브람(Otto Brahm)이 의장을 맡았다. 프라이에 뷔네는 테아트르 리브르처럼 회원 중심으로 운영되었으며, 따로 극단을 결성하지는 않았지만, 매 프로덕션마다 기존의 앙상블과 연출가를 고용해 임대극장의 형편에 따라 주로 오후에 특별공연 형식으로 공연을 하였다.

브람은 독문학자이자 연극평론가로서 실증주의적 방법에 대한 확고한 믿음을 가졌던 자연주의의 절대적인 지지자였다. 그는 당대의 살아있는 새로운 예술형식이 바로 자연주의라고 확신했고, 그 본령은 현실의 단순한 모사가 아니라 내적 진실을 포착하는데 있다고 생각했다. 그는 이런 관점에서 마이닝겐 극단이 피상적인 리얼리즘을 추구했다고 비판한다.

이후 브람은 도이체스 테아터와 레씽 테아터를 인수해 더 많은 신작들을 소개했고, 고전작품의 경우에도 자연주의적 기법으로 무대화했다. 매 작품마다 젊은 연출가가 연출을 맡았지만, 사실상 모든 연출 컨셉은 브람이 주도하였다. 브람의 앙상블은 전문 직업배우들로 구성되어 있었지만, 브람이 중시했던 것은 배우의 스타성이 아니라, 전체 연기의 앙상블이었다. 그가 선호했던 배우는 극적으로 과장되게 연기하는 배우가 아니라, 인간 내면을 심리학적으로 포착하여 '자연스럽게 드러내는' 배우이다. 물론 브람이 배우들의 스타성을 의도적으로 제거하려고 한 것은 아니다. 다만 배우들이 언어, 제스처, 표정 등을 리얼하게 취하도록 훈련시켰을 뿐이다.

또한 브람은 무대 환경과 분위기가 무대 위 인물들의 언어와 움직임을 결정한다는 자연주의적 관점에서 희곡에 첨삭을 하지 않는 원칙을 지켰으며, 극작가의 무대지문을 철저히 존중했다. 브람의 프로덕션에서는 무대지문에 나와 있는 무대 환경, 개개 인물들의 행동과 언어습관이 가감 없이 철저하고 세밀하게 재현되었다. 이를 위해 브람은 리허설에서 통례적인 독회를 하지 않았고, 곧바로 무대 위에서 두 번의 블로킹 리허설을 한 후, 배우들에게 일주일의 시간을 주고 대본을 완벽하게 소화하도록 요구하였다. 첫 리허설에 배우들은 배역에 대한 해석이나 연습을 하지 않고 참석해야 했다. 리허설은 실제 공연과 마찬가지로 무대장치가 모두 갖추어진 무대에서 모든 배역이 참여한 가운데 매일 한 막씩 진행되었다. 실제 공연에서 공연이 끝난 후 커튼콜은 없었고, 작가가 참석해 있는 경우에는 작가만이 커튼콜을 받았다.

스타니슬라브스키

앙트완과 브람에 의한 자연주의의 관철은 1898년 콘스탄틴 스타니슬라브스키(Konstantin Stanislavski)와 네미로비치 단첸코 (Nemirovich Danchenko)에 의해 설립된 모스크바 예술극장의 모범이 되었다. 예술극장을 설립하기 이전에 이미 스타니슬라브스키는 10여 년 동안 진보적 성향의 예술가 클럽에서 배우로 활동하며 연출 경력을 쌓았다. 그는 서유럽이 이룩한 기술의 진보와 학문이 러시아의 일상생활에도 자리 잡히길 원했으며, 연극이 그 일에 일조하기를 바랐다. 연극인으로서 그는 자신의 임무가 개인적인 것이 아니라 사회적인 것임을 확신하고 있었고, 단원들에게도 가난한 계급의 소외된 삶에 밝은 빛을 비춰주고, 그들에게 행복한 아름다움의 순간들을 가져다주기 위해 노력해야 한다고 역설했다. 그러나 스타니슬라브스키의 업적은 무엇보다도 연기론을 정립하려고 평생토록 노력한 끝에 얻어진 '시스템'의 개발에 있다. 그의 시스템은 현재까지도 전 세계 연극학교의 배우 훈련과정에서 그대로 사용되고 있다.

스타니슬라브스키 연기론의 시발점이자 중심개념은 역할의 '진실된 체험'이다. 이는 배우가 자신의 역할에 감정이입을 하기 위한 첫걸음이기도 했다. 감정이입은 배우의 우연한 영감을 통해서 완성되는 것이 아니라, 반복적인 연습을 통해 얻어진 기억들을 창조의 순간에 다시 끌어옴으로써 가능한 것이다. 즉, 배우는 축적된 자신의 인생경험, 창조적 판타지, 그리고 맡은 인물의 주변 세계를 정확히 이해함으로써 그 인물을 제대로 형상화할 수 있다는 것이다. 그래서 스타니슬라브스키는 배우의 감정이입이 용이하도록 무대 위에 극중 장소나 무대구조, 의상들을 실제의 현실과 똑같이 하고자 애썼다. 그는 셰익스피어의 「줄리어스 시저」를 공연하기 위해 연출자를 로마로 보내는가 하면, 「오셀로」를 공연하기 위해서는 무대디자이너를 사이프러스로 보내기도 했다. 이는 작품에 제시되어 있는 삶을 무대 위에 그대로 재현하기 위해서였다. 스타니슬라브스키는 무대가 현실과 똑같이 만들어지는 것은 물론이고 무대 뒤의 공간까지도 현실에 충실하게 만들어지도록 노력했는데, 이는 배우가 무대에 등장하기 전부터 심리적 동화를 이룰 수 있게 하기 위한 배려였다.

감정이입은 꼭 배우에게만 적용되는 것은 아니다. 스타니슬라브스키가 말한 창조적이고 마술적인 '만일 내가 ~라면'이라는 식으로 이루어지는 감정이입은 관객에게도 똑같이 적용된다. 일단 극장에 들어와 관극을 할 때 '훌륭한 관객'은 무대에서 보여주는 모든 것을 믿겠다는 무언의 약속을 한다. 연극

11

은 허구적인 이야기일 뿐 실제 현실이 아니라는 것을 잊고, 연극에 몰입하여 관극한다면 관객에게도 감정이입이 일어날 수 있으며, 이 '마술적 과정'이야말로 연극을 함께 창조하는 행위라고 할 수 있다.

그러나 무대 위의 현실을 실제의 현실과 똑같이 보여주려는 완벽한 재현주의는 미학적으로 볼 때, 단순모방에 지나지 않는다. 만약 예술작품이 단순모방에 그치고 만다면 과연 예술이라고 할 수 있겠는가? 적어도 예술작품이라면 예술가의 창조적인 형상화가 뒤따라야 할 것이다. 그러나 스타니슬라브스키는 자신이 생각하고 있는 것과는 다른 개념의 연극이 이미 서유럽에서 시도되고 있다는 것을 알게 되었다. 이후 그는 행위의 논리성, 즉 배우의 신체적 행위에 눈을 돌리게 된다. 그는 배우들에게 인물에 몰입하기 위해 그 인물이 처한 삶의 환경을 정확히 파악하며, 인물의 일상사를 제스처로 완벽하게 표현할 것을 요구했다. 그래야만 무대 위에서 배우의 육체적인 행위 하나하나가 조직화되고, 비로소 예술적인 완결을 볼 수 있기 때문이다. 이로써 스타니슬라브스키의 '시스템'은 감정과 행위가 상호 보완된 형태로 나아가게 되었다. 서양연극이 행해진 2,500년 동안 연기에 대해 나름대로의 논리를 편 배우와 이론가들이 숱하게 많이 있었지만, 비로소 스타니슬라브스키에 이르러 그 실체를 알 수 없었던 연기의 전문성과 기술에 대한 논의가 본격화된 것이다.

자유극장운동의 선두주자였던 프랑스의 앙트완, 독일의 브람,

러시아의 스타니슬라브스키의 업적은 무엇보다도 당시 풍미하던 스타 중심의 상업극을 극복하고 앙상블을 중시하는 무대를 선사했으며, 상업극 무대에서 외면당했던 헨릭 입센(Henrik Ibsen), 게르하르트 하우프트만(Gerhart Hauptmann), 안톤 체홉(Anton Chekhov) 등의 작품을 무대화했다는 데 있다. 실제로 테아트르 리브르와 프라이에 뷔네의 창단 작품은 입센의 「유령」이었고, 체홉의 「갈매기」는 모스크바 예술극장의 무대에서 대성공을 거두고 난 후, 극장의 엠블럼이 되었다. 이들 작품은 오늘날까지도 세계무대에서 여전히 사랑을 받고 있다.

메이어홀드가 선언한 '연극의 10월 혁명'

스타니슬라브스키는 죽음의 문턱을 넘는 마지막 순간까지도 자신이 가장 아끼던 제자 브세볼로드 메이어홀드(Vsevolod E. Meyerhold)를 잘 돌보아 줄 것을 부탁한 것으로 알려져 있다. 모스크바 예술극장의 창단 멤버로서 메이어홀드는 사실 자신의 뿌리인 예술극장을 적으로 간주했고, 스승에게도 반기를 들었던 연극인이었다.

메이어홀드의 연극 작업은 1917년 러시아 10월 혁명 이전과 이후로 크게 대별된다. 혁명 이전 그가 모스크바 예술극장의 작업에 대해 반대한 것은 두 가지 이유 때문이었다. 하나는 실제의 삶과 똑같이 표현하려는 철저한 자연주의적 접근방식이었고, 또 하나는 소위 '분위기연극'이었다. 예술극장의 분위기연극은 표면적으로 별 사건 없이 밋밋해 보이지만 인물 내면은 물론, 인물 간의 심리적 분위기와 상징성이 지배적인 체홉의 「갈매기」를 공연하면서부터 시작되었다. 체홉은 자신의 작품들을 '희극'이라 칭했지만, 스타니슬라브스키는 체홉의 작품 속에 들어있는 상징성을 인식해 분위기로 충만한 공연을 만들었다.

예술적 견해의 차이로 메이어홀드는 1902년 예술극장을 떠나 '새로운 연극동아리'란 극단을 창단하여 2년 여 동안 약 170편의 작품에서 배우로, 연출가로 활동했다. 그가 추구한 '새로운 연극'이란 상징주의 연극을 의미한다. 메이어홀드가 상징주의 연극에 경도된 이유는 무엇보다도 이 연극이 관객에게 원래의 자리를 되돌려 줄 수 있다고 생각했기 때문이었다. 상징주의 연극은 암시로 인해 여백이 많다. 관객은 상상력을 통해 이 여백을 메울 수 있을 뿐 아니라, 바로 이런 즐거움 때문에 극장을 찾는다는 것이 메이어홀드의 관객심리 분석이었다. 옛 연극 형식들이 아무런 무대장치 없이도 가능했던 것은 바로 관객의 판타지가 연극을 최종적으로 완성시켰던 덕이라고 그는 생각했던 것이다.

관객은 연극이 축제적 성격을 지니고 있던 그리스에서부터 중세, 르네상스 시기까지는 공연의 중요한 구성요소였다. 그러나 바로크 시대부터 이탈리아를 중심으로 건축되기 시작한 극장들은 계급과 사회의 위계질서를 반영하는 내부구조를 갖고 있었고, 무대 또한 나중에 사실주의 연극이 상연될 수 있는 상자갑 무대의 형태를 갖추었다. 이때부터 무대와 객석은 분리되었고, 배우로 하여금 관객의 존재를 의식하지 말고 마치 '일상을 사는 것처럼' 연기할 것을 요구하였다. 이것을 사실주의 또는 자연주의 연극이라고 한다. 이로 인해 연극관객은 눈에는 보이지 않는 가상의 '제4의 벽'을 통해 마치 남의 사생활을 엿보는 '관음증 환자들'이 되어버린 셈이다.

반면 메이어홀드 연극미학의 근간은 관객과 함께하는 데 있다. 그렇기에 메이어홀드는 러시아를 비롯해 연극사에 존재했던 민중극의 표현수단들을 차용했다. 민중과 함께했던 장터연극의 레퍼토리였던 곡예, 어릿광대 놀이, 인형극, 마술, 재주넘기 등은 1913년 발족된 '메이어홀드 스튜디오'의 교과목이 되었다. 일종의 연극 실험실의 성격을 지녔던 이 스튜디오에서는 팬터마임, 체조, 춤, 곡예 등이 교수되었고, 이 교육 프로그램은 1920년대 초 '생체역학'(biomechanics)의 기초가 되었다.

생체역학의 개발은 메이어홀드가 1905년 다시 스타니슬라브스키의 부름을 받고 모스크바 예술극장에 부속된 스튜디오에서 상징주의 작품들을 무대화하면서 그에 알맞은 연기양식을 찾아가는 과정에서부터 시작되었다. 메이어홀드는 배우의 신체 표현력을 최대한으로 끌어내기 위해 움직임, 제스처, 포즈 등을 이용하였다. 당시에는 배우들을 인형으로 만들었다는 비난을 면치 못했지만, 혁명 이후 메이어홀드는 숙련, 협동, 능률이 요구되는 이상적 인간형을 무대 위에 표출하기 위해 생체역학 이론에 입각하여 배우들을 훈련시켰다. 생체역학을 위해 메이어홀드가 참조한 것은 동양연극의 연기술, 동물(특히 고양이)의 동작, 곡예, 기계체조 등이었다.

1917년 10월 혁명으로 황제체제가 붕괴되고, 레닌의 주도 하에 새로운 정부가 탄생하자 새로운 원칙들에 입각한 새로운 사회를 건설함에 있어 연극은 급진적 인텔리겐차의 실험의 장, 프롤레타리아 계급의 자기표현 내지 교육의 장으로 활용되기 시작했다. 그래서 혁명 직후 소비에트 사회에서의 연극은 정치적 성향을 띤 집단 스펙터클의 형식으로 실현되는 경우가 많았다. 혁명의 적극적 동조자로서 인민계몽위원회 연극분과 위원장직을 수락한 메이어홀드는 1920년 '연극의 10월 혁명'을 선언했다. 사회의 혁명 다음에 연극의 혁명이 와야 한다는 생각 때문이었다. 이 선언에서 메이어홀드는 비정치적인 사실주의 연극을 거부하고, 프롤레타리아 관객의 집단의식을 근거로 창조되는 연극을 주창했다.

메이어홀드가 꿈꾸었던 연극은 관객과 함께하는, 대중에 봉사하는 연극이었다. 연극사에서 메이어홀드의 연극이 '극장주의'로 분류되는 이유는 기존 텍스트의 변형(주로 에피소드화), 무대 변형, 가능한 테크닉들의 투입 등을 실천한 것 때문이지만, 이는 모두 그가 그 근저에 관객을 염두에 두었던 데에서 나온 것이다. 어쨌든 공연을 하나의 리드미컬한 통합체로 본 메이어홀드의 작업은 연극의 독자성을 주장한 것으로서 20세기 초에는 매우 혁명적인 일이었다.

메이어홀드는 '연극의 10월 혁명'을 선언했지만, 연극이 정치에 종속되는 것과 연극이 담는 내용인 현실에 종속되는 것을 거부했던 예술가였다. 그래서 그는 1936년경부터 강화된 소비에트 예술창조의 강령이었던 사회주의 리얼리즘에 동조하지 않았다. 당에 의해 자아비판의 기회가 주어졌지만 이를 거부한 메이어홀드는 1939년 형식주의자로 몰려 체포되었고 다음해에 감옥에서 총살당한 것으로 알려졌다. 이후 소비에트에서는 메이어홀드에 대한 연구가 금지되었다가 스탈린이 타계한 후 1955년이 되어서야 그는 복권되었다.

아피아, 크레이그의 신무대술

20세기 연극에 관한 책자에서 아돌프 아피아(Adolphe Appia)와 에드워드 크레이그(Edward G. Craig)는 늘 그 첫머리를 장식하며 선구자로 거명된다. 이들의 업적은 새로운 무대디자인에 관한 아이디어를 제공한 데에 있다. 이들의 무대작업은 자연주의에 대한 반발로 일어난 상징주의와 관련이 깊다. 예술도 과학적인 태도로 창조해야 한다는 자연주의는 사실 발생 초기부터 반대에 부딪혔다. 그 중 하나인 상징주의는 자연주의 연극에 대한 반동으로 일상적 현실을 넘어 보다 차원 높은 비전을 드러내는 예술적 현실을 보여주려는 사조였다. 분위기를 유도하는 상징을 통해 연극을 만들려 했기 때문에 상징주의 연극은 매우 정적(靜的)이었고, 어떤 의미로든 움직임이 있어야 하는 연극에서는 그 생명력이 길지 못했지만, 특히 무대

17

술에 끼친 영향은 매우 크다.

스위스 제네바 출신인 아피아는 원래 음악을 공부했고, 연극에 대한 관심 역시 음악을 통해 갖게 되었다. 당시 많은 젊은이들을 열광시켰던 리하르트 바그너(Richard Wagner)의 오페라 공연이 아피아의 문제의식을 자극했다. 바그너의 오페라는 매우 관념적이고 이상적이다. 하지만 그런 음악과 사실적인 무대장치 사이의 부조화, 그림으로 그려진 무대의 일차원성과 움직이는 배우의 이차원성 사이의 우스꽝스러운 불일치를 보면서 아피아는 바그너 오페라를 가장 효과적으로 무대화할 수 있는 공연방식을 생각했다.

아피아는 연극을 구성하는 요소 중 음악을 최상위에 놓았다. 물론 이때 음악이란 음악적인 것, 또는 리듬감을 의미하는 것이다. 하지만 음악은 시간예술이고 추상적이다. 그러므로 무대장치는 추상적이어야 하고, 그런 무대장치 속에서 움직이는 배우는 입체적이어야 한다는 것이 아피아의 생각이었다. 그래서 아피아는 선, 크기(mass), 색깔에 의한 무대장치를 고안해냈다. 이 중 색깔을 나타내는 것은 조명이다. 조명은 색과 명암의 대비를 수시로 변화시킴으로써 추상적인 무대장치에 생명력을 부여할 수 있으며, 이로써 추상미와 더욱 강한 연극성을 드러낼 수 있게 된다.

무대장치와 조명에 대한 아피아의 생각은 원래 바그너 오페라의 공연방식에 대한 비판에서 나왔지만, 이후 연극공연 전반에 크게 영향을 미쳤다. 비(非)음악극 공연을 위해 작업하던 많은 무대디자이너들이 그의 생각에 자극되어 무대장치의 입체화 경향은 가속화되었고, 자연주의나 사실주의 연극에서도 단순하면서도 추상적이고 함축적인 무대디자인이 시작되었다.

영국의 유명한 여배우 엘렌 테리의 아들로 태어난 크레이그는 아역배우로부터 연극경력을 쌓기 시작했다. 그러나 그는 당시의 연극에 대한 불만으로 배우를 그만두고 보다 근원적인 질문에 매달렸다. 1872년에 태어나 1966년에 타계한 크레이그는 긴 생애 동안 연극학교를 개설했고, 연극 전문잡지를 발간했으며, 자신의 연극이념과 디자인 스케치 등이 담긴 여러 편의 저서를 남겼다. 실제로 연출한 작품은 많지 않아 그의 영향은 주로 출판된 저서를 통해 이루어졌다.

크레이그의 출발점은 자연주의에 대한 반대였다. 그에게 있어 예술은 현실을 모방하는 일과 전혀 상관없는 보편적 진실을 드러내는 것이었다. 이를 위해 크레이그는 연극을 구성하는 요소들을 모두 그 기본적 요소로 압축하고자 했으며, 아피아와 마찬가지로 무대를 통합할 수 있는 요소를 음악으로 보았다. 또한 그는 압축된 여러 요소들이 음악적이고 유기적인 관계를 맺어 하나의 통일체(연극공연)가 되기 위해서는 절대권한을 지닌 사람이 있어야 한다고 생각했다. 그 사람이 바로 연출가이다. 크레이그는 연극에 투입되는 모든 예술가들이 동등한 권한을 가지고 있으면 하나의 통일체를 이루기 어렵다고 생각했던 것이다. 그래서 그는 살과 피로 되어있는, 여러 상황이나 감정에 지배를 받기 때문에 완벽한 통제가 어려운 배우를 예술가로 간주하지 않았으며, 초대형 인형으로 대치할 것을 주장하기도 했다.

연극을 동적예술로 보았던 크레이그는 움직이는 배우와 박스 세트 무대장치 사이의 부조화를 극복하고자 했다. 그의 항구무대(permanent setting)는 이런 노력의 일환이었다. 항구무대란 단순한 기본형태를 갖추고 있어서 조명의 변화에 따라 그 모양이 다르게 보이는 무대를 말한다. 이런 무대에서 조명의 변화는 자연주의 연극에서처럼 단순히 환경을 보여주는 것이 아니라 작품이 지닌 내적 본질을 암시하기 위해 사용된다.

연출가로서 크레이그는 희곡분석이나 인물분석으로 작업을 시작하지 않았다. 다만 처음 희곡을 읽을 때, 작품의 전체적인 인상이나 색, 형체, 리듬, 동작 등을 떠올렸다. 이러한 작업 방식은 희곡을 배제하려는 것이 아니라 오히려 그 가치를 높이려는 것이었다. 말하자면 언어적 커뮤니케이션에 머무는 것이 아니라 그것을 뛰어 넘어 전체적인 공간을 떠올리는 디자인과 공감각을 중요시한 것이다. 이런 의미에서 볼 때 크레이그는 20세기 연극에서 매우 중요한 그림연극 혹은 이미지연극의 대부라고 할 수 있다.

아방가르드 연극의 시작

스트린드베리

아우구스트 스트린드베리(August Strindberg)는 스웨덴의 극

작가로서 희곡만 60여 편을 썼다. 아일랜드의 극작가 숀 오케이시(Sean O'Casey)는 그를 현대의 가장 위대한 극작가로 꼽았으며, 입센은 그의 인형의 집에서 편히 쉴 수 있지만 스트린드베리는 천국과 지옥을 상대로 치열한 싸움을 한다고 평가하기도 했다. 오케이시의 이 평가는 스트린드베리가 연극사에서 점하는 위치, 그의 본질 그리고 그의 작품들이 담고 있는 주제의식을 매우 간명하게 드러낸다. 왜냐하면 스트린드베리는 분명 입센과 함께 현대연극의 문을 연 선구자임에 틀림없지만 입센과 비교해 볼 때, 극작가로서의 본질은 물론 주제의식이 달랐기 때문이다.

아방가르드 연극의 가장 큰 특징은 원시주의에 있다. 원시주의란 뿌리, 즉 인간 이해란 측면에서 외면으로는 보이지 않는 꿈과 욕망 등 무의식과 잠재의식의 세계를 포착하고자 하는 것이고, 연극사적인 측면에서 연극의 원천, 즉 연극을 행하는 자들과 보는 자들이 하나가 되어 이루어졌던 제의적 연극으로 돌아가자는 의미이다.

스트린드베리가 그런 아방가르드 연극의 선구자 중 한 사람으로 꼽히는 이유는 20세기 드라마에서 새로운 주제 영역으로 등장한 영혼의 방황이 그의 작품에서부터 본격적으로 형상화되고 있기 때문이다. 그는 누구나 자기 자신의 삶만을 알 수 있기 때문에 작가도 자신의 내면의 변화를 작품에 담는 것이 가장 진실된 것이라고 생각했다. 그러므로 자연주의자들이 주장하고 행하는 것처럼 현실이나 외부세계를 객관적으로 묘사

한다는 것은 허망한 일로 느껴졌다.

　1869년부터 40여 년간 창작된 스트린드베리 작품들의 두드러진 주제는 주관적 경험, 양성 간의 갈등, 절대자에 도전하는 인간의 투쟁 등이다. 한국에서는 양성 간의 투쟁을 그린 「줄리아씨」와 「아버지」가 주로 소개되었으나, 사실 그의 대표작으로는 「다마스커스를 향하여」, 「꿈의 연극」, 「유령소나타」 등이 있다. 당시로서는 매우 특이한 소재와 극작 수법에 의해 쓰인 이 문제작들은 그가 자서전에서 소위 '지옥기'(1894~1897)라고 칭한 시기를 극복한 후에 창작되었다. 이 시기에 그는 정신분열증세에 시달렸으며, 연금술과 심령과학에도 심취했다.

　특히 꿈의 세계를 형상화 하는 작가로서의 이유를 설득력 있게 제시하고 있는 「꿈의 연극」의 서문은 20세기 연극을 알고자 하는 사람들에게 많은 것을 시사해준다. 그는 이 책의 서문에서 인간의 무의식 세계를 형상화하기 위해 일견 일관성이 없는 듯 보이지만, 명백하게 논리적인 꿈의 형식을 따라 극작을 한다고 밝혔다. 꿈의 세계에서는 모든 것이 일어날 수 있고 개연성이 있으며, 시간과 공간도 일상적인 의미와 다르다. 인물들도 비일상적이기 때문에 캐릭터라고 말할 수 없으며, 꿈에서처럼 한 인물이 둘로, 또는 다수로 분할하는가 하면 여러 인물이 하나로 응축되기도 한다.

　스트린드베리는 늘 무대를 염두에 두고 극작을 했고, 자신만의 '꿈의 연극'을 무대화할 수 있는 소위 '스트린드베리 극장'을 꿈꾸었다. 1907년 스트린드베리는 드디어 스톡홀름에 실내극을 위한 소극장 인티마 테아트렌을 개관했다. 이 극장에서는 위에 언급한 작품들을 비롯해 스트린드베리의 작품들이 무대화되었지만, 경제적인 이유로 1910년에 폐관되었다. 소극장이기 때문에 무대장치가 단순할 수밖에 없는 현실적인 이유 외에도 스트린드베리는 소박한 가운데 장엄함을 보여주는 아름다움을 추구했으며, 이를 위해 배우들에게 제스처를 절제하고 대사에 주의를 기울이게 하는 연기를 주문했다.

스트린드베리의 또 한 가지 업적으로는 정거장식 드라마의 정착을 꼽을 수 있다. 사실주의 극처럼 기승전결을 지닌 '잘 짜여진 극'이 아니라 에피소드식으로 구성된 정거장식 드라마는 이미 연극사에 존재하던 것이었으나, 줄거리의 비연속성과 행위의 반복이라는 특성을 지닌 이 극작 테크닉은 스트린드베리에 의해 확고하게 정착되었으며, 세계 각국의 극작가들에게 영향을 끼쳤다. 그의 또 다른 업적은 꿈의 세계를 형상화하려는 시도에서 나온 것으로 영화적 수법의 차용을 들 수 있다. 물론 영화를 아직은 알지 못했을 그가 당시에 의식적으로 그런 수법을 차용한 것은 아니기 때문에 후대의 분석이고 평가이지만 이는 분명 스트린드베리가 예술가로서 지녔던 선지자적 안목이라 할 수 있다.

자리

1896년 상징주의 연출가 뤼네 포(Lugné Poë)가 이끌던 파리의 테아트르 리브르에서는 객석의 소란과 휘파람 소리 때문에 공연이 제대로 이루어지지 못할 정도의 소동이 벌어졌다. 알프레드 자리(Alfred Jarry)의 「위뷔왕」 초연이 있던 밤이었다. "똥을 쌀!"이라는 대사로 시작되는 이 공연은 아리스토텔레스적인 규칙에 충실했던 신고전주의 연극의 뿌리가 다른 어떤 나라보다도 깊었던 프랑스이기에 더욱 충격적이었다. 원래 인형극으로 쓰여진 「위뷔왕」은 인간의 잔인함과 이기주의, 속물근성 등 우리 내면 깊은 곳 어딘가에 자리하고 있을 추악함을 드러내려는 도전적 의도를 지닌 작품이다. 그러나 그 줄거리는 특별히 새롭지도 독창적이지도 않았는데, 그 이유는 셰익스피어의 「맥베스」를 근간으로 「햄릿」, 「리차드 3세」, 「겨울이야기」의 몇몇 요소들이 잡동사니처럼 첨가된 작품이었기 때문이다.

인간 세계의 최고 자리인 왕위를 아이들 장난처럼 찬탈한 주인공 위뷔의 행동은 치밀한 계획이나 논리적 추론과는 너무나 거리가 먼 충동적인 것이었다. 그러나 위뷔에게서 자신의 행동에 대한 반성이나 후회 같은 것은 찾아볼 수 없다. 그는 그저 엄청나게 큰 배의 허기를 본능적으로 채우기 위해 사람들을 학살하고, 재산을 갈취하며, 게걸스럽게 먹어댈 뿐이다. 학살도, 약탈도 그에게는 놀이적 쾌감에 지나지 않는다. 그의 입에서 나오는 말은 주로 "육시랄", "갈아먹을" 등 욕설뿐이다.

자리는 「위뷔왕」을 통해 19세기 말 서양사회가 잔혹한 본능적 욕망들이 난무하는 카니발적 세계이고, 사랑과 도덕, 전쟁, 심지어는 죽음마저도 의미를 상실한, 가치가 전도된 세계임을 드러내려 했다. 즉, 서양사회가 겉으로 내건 윤리적, 문화적, 합리적인 세계는 일종의 위장된 놀이일 뿐 아직도 원시적인 야만성이 세계를 지배하고 있다고 보았던 것이다. 게다가 하필 셰익스피어의 작품을 패러디한 것은 모든 사람들이 더 이상 이의를 제기하지 않는, 예술가 성인의 반열에 올라있는 이 영국 극작가의 권위에 대한 도전이었다. 즉, 자리의 전략은 '부르주아를 경악시키기'였다. 당시의 대중을 피동적인 존재로 보았던 자리는 이런 대중이 무대에서의 창조 작업에 눈을 뜨고 함께 하기를 원했고, 그들의 능동성을 깨우기 위해 도발이라는 '극약처방'을 내렸던 것이다.

자리는 「위뷔왕」의 연출을 맡았던 뤼네 포에게 당시로선 매우 혁신적인 무대화의 방법을 제안했다. 즉, 위뷔에게 종이 가면을 씌우고 특수한 음색으로 대사를 하도록 했으며, 극의 장소를 무대장치로 나타내지 말고 표시판에 써서 알리게 했다. 또한 한 사람의 배우와 인형들로 군중을 상징하게 하며, 지방색이나 시대색을 제거한 의상을 사용할 것을 제안했다. 이 제안으로 자리가 외관상의 진실을 깨부수려는 연극관, 즉 연극을 현실의 재현이 아니라 하나의 독자적인 세계로 인식했음을 알 수 있다.

자리는 연극이라는 예술에 대한 근원적인 질문 및 반성과 함께 일기 시작한 개혁운동과 탈 자연주의를 표방한 상징주의가 풍미하던 시기에 활동했다. 소설을 쓰기도 했지만 자리가

'악명'을 얻은 작품들은 '위뷔' 시리즈의 희곡들이었다. 「사슬에 묶인 위뷔」는 1900년에 쓰였지만 1937년에야 초연되었고, 「오쟁이진 위뷔」는 1944년에 출판되었다.

연출가들의 전면 등장

라인하르트의 절충주의

20세기의 가장 위대한 연출가 중 한 사람으로 꼽히는 막스 라인하르트(Max Reinhardt)는 오스트리아 출신으로 배우, 연출가, 극장장, 극장경영자, 축제발기인, 연극교육자일 뿐 아니라 영화에까지 관심을 가졌던 전천후 예술가였다. 그는 배우로 연극과 인연을 맺었고, 1903년 연출가로 공식 데뷔한 이후에는 30편의 세계 초연, 127편의 초연, 98편의 개작을 연출했다. 또한 1910년대 초부터 약 20여 년에 걸쳐 베를린에서 동시에 대·소극장 6군데를 운영하여 소위 '극장제국'을 건설했고, 연극학교를 세워 배우교육에도 힘썼으며, 오늘날에도 명성이 높은 잘츠부르크 축제의 발기인이기도 했다. 그러나 라인하르트의 본령은 연극연출에 있었다. 그가 무대화한 작품의 반경은 카바레 넘버와 오페레타에서부터 고전작품들과 현대작품들까지 망라했고, 공연 공간 역시 소극장 무대에서부터 대규모의 서커스장과 야외공연장에 이르기까지 다양했다. 연출가로서 라인하르트의 특징은 자신만의 스타일을 갖지 않은 데에 있다. 이 때문에 라인하르트는 자신이 연출한 작품은 남겼지만 어떤 양식도 남기지 못했으며, 배우는 남겼지만 앙상블은 남기지 못했고, 공연은 남겼지만 연극은 남기지 못함으로써 어떤 전통도 형성하지 못했다는 평가를 받기도 한다. 다른 예술가들이나 연극인들에게서 필요한 것을 취하는데 주저하지 않았던 그는 말하자면 절충주의자였다.

라인하르트가 연출가로 활동한 시기는 1903년부터 1943년까지로 두 번에 걸친 세계대전이 있던 때였다. 독일에서는 당시 표현주의 연극과 정치적 연극이 풍미하던 시기였다. 그러나 라인하르트는 이런 시대적 조류에 아랑곳하지 않았다. 그는 오토 브람의 앙상블에서 배우로 활동했기 때문에 자연주의 연극의 한계를 잘 알고 있었다. 문학에의 신봉에서 벗어나지 못하고, 배우의 놀이충동을 끌어내지 못하면서 어둡고 암울한 현실을 그대로 모사하려 한 자연주의 연극을 라인하르트는 편협한 것으로 보았다. 그는 사람들에게 다시 기쁨을 주는 연극을 만들고자 했다. 염세적이고 부정적인 시각만이 삶을 바라보는 참되고 진실된 관점이 아니라, 색깔과 빛으로 가득 찬 밝은 면을 보는 관점 역시 참되고 진실된 것이라고 생각했기에 그의 연극은 색깔, 음악, 화려함과 밝음에 차있었고 스펙터클했다. 문학작품의 해석에 중점을 두지 않고, 근본적으로 배우의 연극이자 희극성이 강조되는 연극, 모든 가능한 무대 테크닉이 총 투입되는 스펙터클한 연극이 라인하르트의 연극의 특징이었다.

라인하르트의 연출 작업은 당시의 다른 연출가들과 달랐다. 대개의 연출가들이 희곡과 인물을 해석하여 배우들에게 자신의 생각을 강요한 반면, 라인하르트는 특정한 배우에 대한 특정한 생각, 그리고 공간에 대한 생각을 작업의 출발점으로 삼았다. 상상 속에서 캐스팅된 배우들을 출발점으로 그는 상세한 연출노트를 만들었다. 톤, 움직임, 장면의 발전, 공간의 문제 등 제 요소들이 포함된 그의 연출노트는 원작보다 세 배 이상 두꺼웠다. 연극사에서 거의 신화가 되어있는 그의 연출노트는 그러나 최종적으로 확정된 것이 아니었다. 라인하르트는 자신의 생각을 늘 유동적인 것으로 보았고, 리허설 동안 이루어지는 배우들과의 상호작용을 통해 수정해나갔다.

라인하르트는 자신의 극장들과 외국에서의 순회공연을 통해 약 360명에 이르는 작가의 작품들을 직접 연출했고, 협업했던 젊은 연출가들로 하여금 약 100여 명의 작가들의 작품을 연출하도록 격려했다. 라인하르트 자신은 고전작품들을 선호해 그의 휘하에 있을 때 도이체스 테아터 레퍼토리의 90% 정도가 고전작품이었다. 라인하르트의 또 하나의 특징은 같은 작품이라도 한 번의 공연으로 끝내지 않고, 늘 재공연에 도전했다는 점이다. 재공연에서는 대개의 경우 캐스트, 공연장, 무대디자이너들이 바뀌었다.

라인하르트가 연출한 분야를 보면, 언어극에서는 셰익스피어, 독일 고전극, 몰리에르, 현대극에서부터 문학적 카바레까지, 신체 중심의 코메디아 델라르테, 발레, 팬터마임, 그리고 음악적 레뷰, 오페라, 오페레타 등 모든 장르가 총망라되어 있다. 그러나 무엇보다도 라인하르트의 셰익스피어에 대한 애착은 대단했다. 그는 셰익스피어를 연기할 수 있는 배우만이 진짜 배우라고 생각했고, 셰익스피어 작품을 연출하면서 당시에 가능한 모든 기법들, 즉 사실주의, 상징주의, 표현주의적 기법을 모두 적용했다. 라인하르트는 셰익스피어 극들을 빅토리아 시대의 전통적인 기법에서 벗어나 새로운 접근을 한 최초의 연출가들 중 단연 돋보이는 존재이다. 그는 4대 비극을 비롯해 모두 20편을 무대화해 2,500회 이상의 공연을 가졌고, 1913~1914년 시즌에는 도이체스 테아터에서 셰익스피어 페스티벌을 열기도 했다.

셰익스피어의 작품들 중 라인하르트가 연출가로서의 입지를 확고하게 한 작품은 「한여름 밤의 꿈」(1905)이었다. 이 작품은 초연 후 34년간 리바이벌되었고, 모두 12번 재연출되었다. 라인하르트는 이 작품에서 동화세계가 갖는 깊이와 비합리적이면서도 염세적인 인식을 보았다. 환상적인 팬터마임적 착상, 자연주의 연극에서 대개의 경우 기피되던 음악을 배경으로 펼쳐지는 언어, 회전무대 전체를 아테네의 숲으로 만든 무대디자인 등이 이 작품을 성공으로 이끈 요인들이었다. 「한여름 밤의 꿈」은 라인하르트 필생의 역작이었으며, 1935년 영화화되어 뉴욕과 런던에서 상영되기도 했다.

배우의 연극을 주장하고 평생토록 엄청난 양의 작업을 한 연출가, 연극은 출발점도 연극이고, 종착점도 연극이라는 믿음 아래 연극을 위한 연극에 일생을 바치면서 어떤 이념적 목적을 위해서도 연극을 이용하지 않았던 연극인이었지만 유태인이었던 라인하르트는 1933년 자신의 극장들을 나치정부에게 양도하고 1938년 미국으로 망명했다. 이후 그의 사유재산이었던 잘츠부르크 근교의 레오폴즈크론 성도 몰수되었다. 그러나 20세기의 가장 위대한 연극인 중 한 사람이었던 라인하르트는 1909년 명예교수 칭호, 1930년과 1933년에 명예박사학위를 수여받았고, 1936년에는 노벨평화상 수상자로 지명되기도 했다. 라인하르트의 업적은 무엇보다도 연극을 문학의 시녀가 아닌 독자적인 예술장르로 승격시켰고 본격적인 연출가 연극의 시대를 열었다는 데에 있다.

코포와 4인방

20세기 초 유럽 각국에서 일었던 연극개혁운동은 프랑스에서도 일어났고, 이 운동은 자크 코포(Jacques Copeau)가 이끌었다. 코포는 연극평론가로서 연극경력을 시작했지만, 아피아의 열렬한 추종자였고, 크레이그와 율동체조를 창안한 에밀 자크 -달크로즈(Emile Jaques-Dalcroze)의 영향을 받았다. 코포는 아피아에게서는 배우의 중요성을, 크레이그에게서는 신무대술을, 자크-달크로즈에게서는 리듬감을 배웠다.

코포의 개혁작업은 자연주의 연극에 대한 반대에서 출발되었다. 현실을 복사하는 자연주의적 환상극은 코포에게는 비예술적인 것이었다. 코포는 상업주의에 물든 당시의 블루바르 연극과 국가의 지원을 받는 코메디 프랑세즈의 관습에 사로잡힌 전통주의 연극을 반대했다. 그의 성향은 당시 소극장운동을 주도하던 앙트완, 뤼네 포, 폴 포르 등과 더 가까웠고 그 자신은 상징주의 연극의 대표주자였다. 그는 연기술, 장치 등에 있어 상징주의적 연극이 무대에 다시 아름다움을 줄 수 있다고 믿었다. 그러면서도 그는 자연주의 연극을 주창한 앙트완을 살아있는 유일한 스승으로 간주했다. 코포의 개혁작업은 혁명이 아니라 전통의 복구에 있었던 것이다.

코포의 개혁작업의 중점은 '연극의 재연극화'에 있었다. 요란한 의상과 스펙터클한 무대장치를 포기하고 연극 본래의 단순한 수법으로 연극을 새롭게 하자는 것이 재연극화의 의미이다. 코포는 '헐벗은 무대'를 주장했고, 고전작품의 충실한 해석을 역설했다. 과거의 위대한 작품들을 부활시킴으로써 타락한 연극을 순화하고, 후배 작가들에게 모범을 보여야 한다는 것이 코포의 생각이었다. 결국 연극이 할 일이란 극작가의 작품을 가장 적절한 형식을 찾아 무대 위에서 표현해주는 것이었다. 이러한 연극관에 따른 작업을 위해 코포는 1913년 극단을 조직하고 테아트르 뒤 비외 콜롱비에(Vieux Colombier)를 개관했다. 제1차 세계대전의 발발로 극장이 폐쇄되는 등 어려움이 있었지만 코포는 극단을 이끌면서 아이스킬로스, 유리피데스, 몰리에르, 라신, 셰익스피어, 도스토예프스키, 메리메 등의 고전작품 및 입센, 앙리 베크, 지드, 클로델, 비스피안스키, 버나드 쇼 등의 현대작품을 무대화했다.

연극평론가에서 실천가가 된 코포에게 가장 절실하게 다가왔던 것은 배우의 문제였다. 당시 배우들의 역량이 그의 기대에 미치지 못했기 때문이었다. 그래서 코포는 개혁 프로그램의 중점을 배우교육에 두었고, 그의 배우교육은 일종의 전인교육이었다. 극단원들은 테아트르 뒤 비외 콜롱비에에 속한 스튜디오에서 가족처럼 단체생활을 했다. 코포에게 있어 연극개혁은 곧 생활개혁이기도 했다. 그는 아이들에게 체조를 가르치는 것을 시작으로 배우훈련의 기초로 리듬교육을 중요시했고, 이미 경력을 쌓은 배우를 교육할 때에는 스타의식을 벗겨내는 데에 중점을 두었다.

코포와 테아트르 뒤 비외 콜롱비에는 프랑스 현대연극에 지대한 영향을 끼쳤다. 특히 이 극단에서 활동했던 샤를르 뒬랭(Charles Dullin)과 루이 주베(Louis Jouvet)는 1920~1930년대 프랑스의 주도적인 연출가가 되었다. 두 사람은 1927년 조르주 피토에프(Georges Pitoëff), 가스통 바티(Gaston Baty)와 함께 '4인방', 즉 카르텔 데 카트르를 형성했다. 네 사람은 모두 사실주의와 자연주의에 대한 거부, 오락 위주의 통속극인 불르바르 연극의 타도를 연극 작업의 출발점으로 삼았다.

뒬랭은 비외 콜롱비에에서 나와 극단 테아트르 드 라틀리에를 창설했고, 프랑스의 고전작품들과 유럽의 신진 극작가들의 작품을 무대화했으며, 특히 피란델로를 파리 관객에게 처음 소개했다. 뒬랭은 배우훈련에서 즉흥적인 연기법에 중점을 두었으며 코메디아 델라르테의 연기요소를 적극적으로 도입했다. 20세기 연극에 가장 큰 영향을 준 앙토냉 아르토는 배우, 의상 및 무대디자이너로 그의 작업에 직접 참여했고, 두 사람의 공동작업에 대한 많은 글을 남겼다. 주베는 자신의 극단과 함께 코메디 데 샹젤리제와 테아트르 아테네에서 양식화된 연출을 주무기로 몰리에르적인 희곡을 선호했으며, 극작가장 지로두를 발굴했다. 러시아 출신의 피토에프는 자신의 극단을 설립해 테아트르 데 자르에서 활동했던 피란델로 전문가로 연출가이자 배우, 디자이너이기도 했다. 독일에서 공부를 했고, 문학적 연극의 혐오자였던 바티는 텍스트에 담긴 문자보다는 스펙터클한 무대 창조에 관심이 많아 언어에 의한 표현을 지양하고 팬터마임, 색채, 조명을 사용한, 즉 신무대술을 근간으로 한 연출을 했다. 이 4인방은 피토에프를 제외하고 모두 1930년대 코메디 프랑세즈의 상임연출가가 됨으로써 폴 포르로부터 시작된 탈 사실주의의 피를 제도권 연극에도 수혈하게 된다.

아르토와 바로 : 잔혹극과 총체극

아르토의 '잔혹극'

20세기 연극을 거론할 때, 가장 많이 언급되는 인물이 앙토냉 아르토(Antonin Arteau)이다. 그는 자기 생애 중 20년이 채 안 되는 기간 동안 배우로서 몇 편의 연극에 출연했고, 몇 편 되지는 않지만 직접 연극을 연출하기도 했다. 특히 1938년에 출간된 「연극과 그 이중」에 실린 그의 아이디어는 20세기 후반기의 연극인들에게 큰 영향을 미쳤다. 연극을 구성하는 요소 가운데 텍스트, 배우와 연기, 시청각적 표현요소, 무대공간에 이르기까지 그가 꿈꾸었던 아이디어는 당시로서 실현되기 어려운 것들이어서 그의 연극은 '조산된 연극', 혹은 '미완의 프로젝트'로 평가된다.

1896년생인 아르토는 선천성 매독으로 청년시절에 이미 정신착란 증세에 시달렸고, 고통을 다스리기 위해 아편을 사용하면서 평생토록 병마와 싸워야 했던 불행한 예술가였다. 아르토의 예술 및 연극인생은 초현실주의에 몸담으면서 시작되었다. 초현실주의의 매력은 무엇보다도 그 저항정신에 있다. 초현실주의는 서양사회를 지배해온 절대적인 합리주의가 인간의 부차적인 관심사인 경험적 사실만을 존중하다보니 더 이상 인간의 본질과 삶의 진실을 밝혀내지 못하는 것을 비판했다. 관습과 사고를 대표하는 모든 것, 즉 아버지, 조국, 종교, 가족 등을 당시의 초현실주의자들은 비방하고 모욕했다.

아르토는 앙드레 브르통, 폴 엘뤼아르 등의 초현실주의자들과 뜻을 같이 했지만 정치적 이유로 결별하고 역시 초현실주의자인 로제 비트락, 로베르 아롱과 함께 1926년 '알프레드 자리 극단'을 창설했다. 이는 자리의 철저한 저항정신의 산물인 그로테스크한 위뷔왕을 아르토가 미래의 새로운 예술창조를 위한 야만신의 상징으로 보았기 때문에 붙여진 명칭이었다. 24세 때부터 뤼네 포가 이끄는 메종 드 뢰브르에서 배역을 맡은 것을 시작으로 뒬랭, 피토에프의 극단에서 배우, 무대장치가, 의상담당자로 작업을 했지만, 아르토는 늘 자신이 꿈꾸는 자신의 연극을 만들고 싶어했다. 드디어 아르토는 알프레드 자리 극단과 함께 연극에 무의식의 주제를 적용하고 꿈이나 시에 들어있는 이미지를 개념적 언어가 아니라 공간언어로 승화

시킴으로써 초현실주의 연극의 전형을 성취하고자 했다.

아르토는 궁극적으로 카타르시스를 통해 인간정신을 해방시키는 연극을 원했다. 그는 당시의 서양연극이 하루 저녁에 소비되는, 문학에 종속된 연극이라고 진단하고, 이를 거부하는 것을 자신의 연극론과 연극 실천의 출발점으로 삼았다. 자신들이 이룩한 문화와 문명에 의해 거세되어 비인간화되고 말았으면서도 그러한 상태에 빠져있는 것조차 인식하지 못하고 있는 현대인들을 다시 깨어나게 하자는 것이 아르토가 주장한 '잔혹극'의 기본개념이다. 그러므로 그가 추구했던 연극혁명은 단순히 사회적 차원의 것이 아니라 우주의 법칙, 인간존재의 본질을 캐보려는 형이상학적 차원의 것이었다.

'잔혹극'에서의 '잔혹'의 의미는 무대 위에서 노골적으로 보여주는 가학성-피학성 취미, 유혈, 육체적 고통 등과 같은 형이하학적인 것이 아니다. '잔혹'은 우주와 인간의 삶을 지배하는 상위개념이다. 생성, 진화, 소멸의 순환적인 우주의 섭리, 그 필연의 법칙과 그 법칙의 지배를 받는 인간의 삶 모두 잔혹한 것이다. 그 속에서도 인간이기에 갖게 되는 불길, 욕망, 불합리한 충동 역시 잔혹한 것이다. 잔혹극이란 잔혹한 우주적 필연성에 종속되어 있는 인간 삶의 잔혹함을 연극적 엄격함을 통해, 마치 주술행위처럼 관객을 치유하고자 하는 연극이다. 인간의 삶이 본질적으로 잔혹한 것이라면 연극도 그것처럼 잔혹한 양상을 띠어야 하는 것이다. 관객은 그런 연극을 보면서 자신의 내면에 도사리고 있는 잔혹함을 체험하고 정화되는 카타르시스를 느끼며 순수한 정신상태를 가질 수 있다는 것이다. 그래서 아르토는 연극을 페스트, 형이상학, 연금술에 비유했다.

잔혹극이 추구하는 주제는 대개 에로티시즘과 신화, 형이상학적 현실, 저항, 폭력 등이고, 아르토의 극작품에서 빈번히 다루어지는 주제 또한 에로티시즘과 폭력이다. 이것들은 인간 사회의 금기 가운데 가장 무섭고, 가장 큰 부분을 차지하는 것들이다. 아르토에게서 에로티시즘은 주로 근친상간으로, 폭력은 존속살인으로 나타난다. 그의 작품 「첸치 일가」는 이런 내용이 극대화되어 있다. 주인공 첸치 백작은 절대악의 구현자이다. 그는 딸을 강간하고, 아들들을 죽여 그 피를 마신다. 이 절대악의 구현자가 행하는 악행이 가져오는 효과는 우리들의 내면에 들어있는 악마성을 해방시키는 것이다. 아르토가 자신의 '잔혹극' 이론을 적용한 이 유일한 장막극은 수용 면에서는 실패했다. 그러나 이 작품의 주제가 부도덕이 아니라 초도덕이라 생각했던 아르토는 이 공연을 성공적인 것으로 자평했다. 소리와 색채, 빛으로 가득하고, 거기에 배우들의 특이한 발성과 동작이 어우러진 매우 이례적인 경험이었다는 비평가의 평도 뒤따랐다.

이미 언급했듯 아르토는 제도권의 희곡중심의 연극을 거부했다. 그는 어떠한 형태의 언어를 가지고도 인간의 삶을 전체로 파악하는 것은 불가능하다고 생각했기 때문에 독특한 연극 언어를 발견하고자 했다. 그렇다고 연극에서 대화체의 언어를 없애자는 것은 아니었다. 다만 그 기능을 변형시키고자 했다. 그가 생각한 언어는 기호화되어 소리로 사용되는 언어이다. 아르토는 배우의 연기를 희곡의 언어가 해결할 수 없는 것들을 드러내는 데 절대적이고도 중요한 표현요소로 간주했다. 따라서 언어가 비언어적이고 기호화되어야 하듯, 배우의 연기역시 암호화되어 불필요한 동작을 철저히 배제시킨 절제된 양식화의 형식을 지녀야 한다고 생각했다.

아르토는 무대와 객석의 공간이 서로 대치되듯 분리되는 공간을 원치 않았다. 그가 꿈꾼 공간은 무대 위에서 일어나는 동작이 관객과 직접 부딪치며 소통할 수 있는 장소였다. 그러려면 기존의 극장을 포기하고 헛간이나 창고 등 아무런 장식물 없이 사방이 벽으로 밀폐된 곳이면 된다. 관객은 주위에서 전개되는 장면들을 모두 볼 수 있도록 중앙 아래의 회전의자에 앉게 된다. 연기영역은 공연장의 어디가 되어도 좋은 것이다. 여기에 사람 크기의 악기들, 제의적인 의상들, 마네킹들, 중립적 오브제들이 무대장치를 대신한다. 조명은 연기의 영역에까지 파고 들어와 정신에 영향을 주는 특수한 역할을 해야하는데 마치 불화살을 동시에 쏘아대듯이 빛의 파장효과가 빛의 다양한 층위를 통과함으로써 그 파장 속에서 빛줄기를 퍼뜨리는 새로운 수법으로 미묘함, 강렬함, 불투명함을 표현하는 힘이 있어야 한다. 그러나 이러한 기교는 당시의 조명기술로는 표현하기 어려운 것이었다. 아르토의 이런 아이디어들은 지금의 시각으로 보면 대단한 것이 아닐지 모르지만 당시로서는 실현하기 어려워 그야말로 '조산된' 것이었다.

아르토의 연극론을 실제에 적용한다면 매우 스펙터클한 공연이 될 것이다. 주문에 가까운 대사, 고함과 잡음으로 강조되는 음향, 중립적 의상, 주술적이면서도 절제된 제스처에다 배우와 함께하는 사람 크기의 마네킹, 현란하고 표현적인 조명 등이 관객의 피부와 감정에 직접 호소하는 풍부한 연극언어를 창조해낼 것이기 때문이다.

아르토가 후대, 특히 실험적 작업을 한 연극인들에게 끼친 영향 중 또 하나 중요한 것이 동양연극에의 관심이다. 서양의 동양에 대한 관심은 낭만주의에서 그 연원을 찾을 수 있다. 이 때의 동양주의는 이국정취와 관련이 있다. 오늘날도 서양인들이 동양에 대해 갖는 관심은 이런 맥락인 경우가 많다. 그러나 아르토는 자신이 그리고 있던 이상적인 연극 형태를 동양연극에서 발견했다. 1931년 파리에서 열린 식민지 박람회에서 춤과 노래, 팬터마임, 음악 등으로 구성된 발리섬의 춤극이 텍스트 중심의 심리주의적인 서양연극과는 다른, 즉 원래 제의에서 시작된 연극의 원형을 아직도 간직하고 있음을 그는 확인했다. 현실 속에서 가장 본질적이고 극적인 효과를 지닌 부분만을 추출하여 정제된 형태로 표현해냄으로써 현실과 예술, 혹은 현실과 비현실을 연결해주는 동양연극의 양식성이야말로 아르토에게는 예술이었다. 심리적 갈등의 해소 장소나 일상사의 권태로움을 달래주는 안식처와 같은 그런 연극은 이미 예술이 아닌 것이다. 발리섬 춤꾼의 몸이 만들어내는 상형문

자와 같은 기호가 역동적인 무대에서 공간의 언어이자 시로 변하는 것, 그것이 바로 아르토가 꿈꾸던 형이상학적 연극 형태였다.

바로의 총체극

장-루이 바로(Jean-Louis Barrault)의 연극인생은 샤를르 뒬랭과 함께 시작되었다. 4인방 가운데 한 사람이었던 뒬랭은 테아트르 드 라틀리에에서 젊은 배우들을 교육하였는데, 여기에 바로가 있었다. 바로는 뒬랭에게서 즉흥연기를 배우면서 표현하기 전에 느끼는 감각의 진실함을 배웠고, 에티엔느 드크루를 통해 마임의 세계를 알게 되었다. 이때까지는 바로가 인간의 몸이라는 형이하학을 터득하게 된 시기였다.

테아트르 드 라틀리에를 나와 바로는 초현실주의자들과 교우관계를 맺으면서 아르토에게서 영향을 받았다. 아르토를 통해 바로는 동양의 신비주의, 인도의 신화와 요가 등을 접했다. 이제 바로의 연극세계는 몸이라는 형이하학과 정신세계의 형이상학이 만나는 접점에 자리하게 되었다. 아르토는 자신이 주장한 총체적 연극공간과 숨겨진 내면의 삶을 결합시키는 보편적 연극언어를 탐구하는 유일한 실천가가 바로임을 인정했고, 바로 역시 아르토의 영향을 강조하며 연기스타일과 연출적 접근에서 아르토의 주장을 그대로 모방한다고 토로했다.

20세기 프랑스 연극에서 공연의 총체성에 대한 탐구와 실천은 자크 코포, 될랭, 아르토로부터 바로까지 연계된다. 코포가 크레이그와 아피아의 주장을 통합시켜 음악적 공간의 이미지를 추구했다면 될랭은 연극사에 존재했던 양식화된 관습들을 통합시키고자 서커스, 코메디아 델라르테, 일본의 노(能)까지를 포함하는 총체적 스펙터클을 실행하고자 했다. 이 연계 선상에 있는 바로가 추구한 연극도 총체극이었다. 총체극에서는 연극에서 사용할 수 있는 모든 테크닉뿐 아니라 무대장치와 장르의 혼합까지도 가능하다. 이렇게 가능한 모든 예술적 방법들을 총동원하여 인간의 삶과 우주에 대한 총체적이고도 풍부한 이미지를 생성하여 관객을 사로잡고 관객과 교감하고자 하는 것이 바로의 총체극이 궁극적으로 원했던 것이다. 평생 총 65편의 작품을 연출한 바로의 작업에서는 배우의 몸, 목소리, 동작, 그리고 최대치를 끌어내려는 음악적 효과가 중시되었다. 특히 배우의 연기가 중시되었는데 연기의 원형과 기교를 바로는 마임과 무언극, 코메디아 델라르테의 전통에서 찾았다. 그의 작품들에서 배우는 단순히 인간(배역)만이 아니라 전체의 연기를 모두 해내야 했다. 이것이 바로의 총체극의 핵심이다. 이를테면 「크리스토퍼 콜럼버스」에서 콜럼버스와 선원을 연기하던 배우들은 자신들의 배역을 연기하면서 동시에 세찬 파도가 치는 바다도 연기하는 식이다.

바로는 1940년대와 1950년대에 폴 클로델의 작품들을 무대화 하면서 총체극의 모델을 발전시켰다. 자신의 초기작 「황금머리」에 클로델은 '음악극'이란 부제를 붙였다. 그렇다고

해서 그가 리하르트 바그너식의 음악극을 생각한 것은 아니었다. 바그너가 총체적인 예술작품을 주장했지만 실제로는 음악을 최상위에 놓고 배우와 무대장치를 음악에 종속시킨 반면, 클로델이 생각한 음악은 인물과 극적상황을 보다 풍요롭게 하기 위해 이용되는 것이었다. 구체적으로 말하자면 음악이 미리 쓰이는 것이 아니라 공연에 대한 직접적인 반응으로 연주되는 것이 바람직하다는 의미였다.

무대화하기 어려운 것으로 정평이 나있는 클로델의 「정오의 분할」, 「비단구두」 등이 바로에 의해 무대화되었고 이후로도 계속 리바이벌되었다. 그렇게 할 수 있었던 이유는 바로가 당시 프랑스에서는 낯설었던 레퍼토리 시스템을 시도했기 때문이다. 당시 프랑스 연극계는 어떤 공연이든 더 이상 관객이 들지 않아야 막을 내리는 것이 관례였다. 그러나 바로는 세계문학의 고전작품과 현대작품은 물론 소설들의 각색본, 팬터마임, 실험극에 이르기까지 다양하고 광범한 프로그램을 규칙적으로 교체함으로써 고정관객을 가질 수 있다고 생각하고 실험함으로써 코포가 비외 콜롱비에에서 잠깐 시도했던 시스템을 계승했다.

브레히트와 독일의 서사극

피스카토르의 정치극

독일 연극이 20세기 연극에 기여한 가장 큰 공헌은 서사극의 도입이다. 서사극이 브레히트에 의해 창시되었다고들 하지만 이는 정확한 말이 아니다. 서양연극에서 서사적 요소들은 늘 있어왔다. 서사극이 브레히트를, 브레히트가 서사극을 연상시키는 이유는 브레히트가 극작가, 연출가, 연극이론가로서 자신의 정치적 이데올로기를 위해 서사극을 집대성했기 때문이다.

서사극이란 용어를 처음 사용한 사람은 에르빈 피스카토르(Erwin Piscator)였다. 1924년 베를린의 폭스뷔네(Volksbühne, 민중무대)의 초청으로 알퐁스 파케의 「깃발들」을 연출하게 되었을 때 56명이 출연하는 작품의 내용을 가능한 한 명료하고 객관적으로 제시하기 위해 당시로서는 알려지지 않았던 연극적 수단을 투입하면서 피스카토르가 적용한 개념이었다. '드라마적 소설'이란 부제가 붙은 「깃발들」은 1880년대 시카고에서 있었던 노동자들의 투쟁과 노동자 지도자의 처형을 에피소드식으로 엮어놓은 작품이므로 '서사극'의 개념이 적용될 수 있었다. 이 작품의 연출에서 피스카토르는 무대 양 쪽에 투사벽을 세워 프롤로그가 진행되는 동안 명명되는 인물들의 사진을 투사했고 개개 장면들을 투사된 중간 텍스트와 연계시키기 위해 이 벽을 사용했다. 연극무대에서 처음 이용된 영사사진은 스토리를 명확히 하고, 작품을 단지 극적인 것 이상으로 확대시키는 효과를 냈다. 이때 피스카토르가 사용한 서사극이란 용어는 정치극과 동일어였다.

독일의 제1차 세계대전에서의 패배와 황제 빌헬름 2세를 퇴위시킨 1918년 11월 혁명은 이미 연극 작업과 뮌헨 대학에서의 공부를 병행하고 있던 피스카토르의 생애에서 중요한 전기가 되었다. 특히 참전으로 전쟁의 폐해를 피부로 실감했던 피스카토르는 종전이 되자 반군국주의, 평화주의, 사회주의 사상에 고취되어 전쟁을 비판하며 1919년 공산당에 입당했다. 정치, 경제, 사회적인 면에서 많은 변화를 겪고 있던 1920년대 독일의 현실에서 시민사회의 생활과 가치를 그리는 부르주아 연극은 내용과 형식에서 혁신이 있어야 한다고 피스카토르는 주장했다. 1917년 러시아의 10월 혁명과 1918년 독일의 11월 혁명으로 그는 노동자들에 의한 혁명이 성취된 것으로 보았으며 이런 일련의 혁명 이후 연극은 반드시 사회혁명을 반영하고 사회변혁에 도움이 되어야 한다고 생각했다.

1920년 피스카토르는 프롤레타리아 극단을 조직했다. 노동자 관객을 위한 공연을 목적으로 설립된 이 극단의 공연은 이미 노동자들에게 친숙한 장소들에서 행해졌고 현실의 정치적 사건들로 인한 시위, 선거 집회, 정치범들을 위한 모금회 등과 같은 정치적 집회 및 직접적인 행동과 연계되어 있는 경우가 많았다. 그러므로 이 극단의 공연들은 노동자 관객의 정서에 영향을 끼치기 위해 극 구성과 표현이 단순하고 일목요연해야 했다. 이런 연극 작업은 교육적 가치와 직접적인 선동에 그 중점이 있었으므로 연극의 예술적 수준을 포기하는 것이 전제되었다.

유태인이었던 피스카토르는 1931년 모스크바로 떠나 파리를 거쳐 1938년 뉴욕에 정착했다. 그 이전인 1927년 피스카토르는 베를린 놀레도르프플라츠에 피스카토르 뷔네를 설립했다. 망명 이전까지 그의 연극은 일반적으로 정치적 연극이라 불리지만 노동자 연극, 사회주의 연극으로 분류되기도 한다. 그의 연극은 이후 레뷰연극, 기록극, 총체극으로 발전되어 갔다. 어떤 연극형식이든 간에 피스카토르가 궁극적으로 달성하고자 했던 것은 자신의 정치적 이데올로기를 설파하기 위해 노동자 관객을 선동하고, 그 결과 관객의 태도변화, 즉 계급투

쟁에의 의지와 실천을 꾀하려는 것이었다. 이때 피스카토르가 연극 작업의 원칙으로 삼은 것은 집단 작업과 작품의 개작이었는데 이것들은 공산주의 이념의 선전을 위해 필요했던 것이다. 레뷰연극은 특히 정치적 선전과 선동에 효과적으로 이용되었다. 예를 들면 1924년 독일공산당의 위촉으로 공연된 「붉은 소동의 레뷰」는 느슨하게 연결된 장면들로 일상생활에서 보이는 노동자와 시민 두 계층의 갈등이 묘사되었는데 각 장면에 해설이 붙여졌고, 연출자에 의해 관객은 두 계층의 논쟁에 관여하도록, 그리고 직접적인 행동을 하도록 부추김을 받기도 했다. 이 공연은 음악과 샹송, 곡예, 슬라이드, 영화, 통계자료, 연극장면, 관객과의 대화 등 온갖 수단들이 동원되었다.

'기록극'이란 개념도 1925년 집단창작 방식으로 만들어진 「그럼에도 불구하고」 공연에서 피스카토르에 의해 처음 사용되었다. 피스카토르는 미국 망명에서 돌아와 1962년 베를린 폭스 뷔네의 극장장으로서 일련의 기록극들을 본격적으로 무대화했다. 제2차 세계대전 종전 후 1960년대 독일에서는 과거 극복 문제가 대두되면서 기록문학이 성행했고, 극작에서도 파시즘, 제국주의, 핵무기와 같은 당대의 민감한 문제들이 기록극의 수법으로 다루어졌다. 피스카토르는 나치의 유태인 학살을 방관한 카톨릭 교회를 비판한 롤프 호흐후트(Rolf Hochhuth)의 기록극 「대리인」을 1963년에 연출하여 센세이션을 일으켰고, 이로 인해 극장이 다시 민감한 시대 문제를 다루는 토론장이

47

되었다.

피스카토르 뷔네에서의 작업 중 피스카토르의 명성을 유럽 전역에 알린 것은 체코 작가 야로슬라브 하섹의 작품을 개작한 「용감한 병사 슈베이크의 모험」이었다. 이때 브레히트도 드라마투르그로서 개작에 참여했다. 음악과 무대미술 면에서 다양한 효과를 노린 인형과 가면, 풍자화 등이 이용되었으나 무엇보다도 이 공연을 유명하게 한 것은 무대에서 수시로 움직이는 약 17미터 길이의 이동식 콘베이어 벨트였다.

1938년 미국에 정착한 피스카토르는 '교육자'로서 이민이 허락되었기 때문인지 정치적인 문제에는 일체 관여하지 않았고, 뉴욕 소재 신(新)사회 연구소에 부설된 2년 과정의 드라마 워크숍의 교육을 책임지게 되었다. 그는 '작업을 통해 배운다'는 개념에 근거해 학생들을 교육했다. 이때의 학생들 가운데에는 테네시 윌리엄즈, 아서 밀러, 말론 브란도, 토니 커티스, 헤리 벨라폰테, 로드 스타이거 등이 있었다. 1949년 이 연극 학교는 '드라마 워크숍 및 기술 연구소'라는 명칭으로 신사회 연구소에서 독립하여 개교하지만, 재정적 어려움으로 곧 폐쇄되었다. 그러나 1951년 다시 서독으로 돌아가기 전까지 피스카토르는 미국 연극에 기술적 혁신을 선사했고, 유명 연극인들을 가르쳤으며, 브로드웨이의 상업연극과는 다른, 문학적으로 수준이 높고, 사회비판과 실험정신이 드러나는 연출작들을 선보였다. 바로 이러한 점 때문에 피스카토르의 연극이 오프-브로드웨이, 오프-오프-브로드웨이 연극의 발전에 영향을 주었다고 평가되기도 한다. 60년대 뉴욕의 실험적 극단들 중 가장 파격적이었던 리빙시어터를 이끈 줄리앙 벡(Julien Beck)과 주디트 말리나(Judith Malina)가 드라마 워크숍의 학생들이었음을 감안한다면 이러한 평가가 지나친 것만은 아니라는 것을 알 수 있다.

브레히트의 서사극

20세기의 세계 연극에 가장 강력한 영향을 끼친 베르톨트 브레히트(Bertolt Brecht)는 극작가겸 연출가이자 연극이론가였으며 시와 소설도 썼다. 브레히트에 대해 "그는 우리 시대의 핵심적인 인물이며 어느 면에서 오늘날의 모든 연극적 작업은 그의 진술과 업적으로부터 출발하고, 또 그의 진술과 업적으로 귀일된다."라고 한 피터 브룩의 평가를 부인할 사람은 아마 없을 것이다.

브레히트의 연극론은 서사극 이론으로 대변된다. '서사극'이란 아리스토텔레스의 시학에 입각한 전통적인 연극이 관객의 환각을 조장하고, 관객이 등장인물 및 극적 사건에 몰입되어 동일시를 일으키는 효과에 반대하는 입장이다. 그러므로 브레히트는 우선 자연주의의 결정론을 비판했다. 브레히트는 자연주의 연극미학에서처럼 인간과 사회, 세계를 고정되어 개조 불가능한 것으로 보지 않고, 인식 가능한 것이기에 묘사도 가능하고 개조시킬 수 있는 것으로 간주했다. 여기에서 가장 선행되어야 하는 것이 개개인의 인식과정으로서 브레히트는 자신의 연극이 어떤 방법으로든 이 과정에 도움을 줄 수 있어야 한다고 생각했다.

브레히트는 라인하르트와 피스카토르 밑에서 드라마투르그로 작업하며 연극 실제에 대한 경험을 쌓았고, 뮌헨 대학에서 마르크시즘에 대한 강의를 들으며 세계관을 넓혀갔다. 여기에 당대의 연극에 대한 그의 비판적 시각이 덧붙여져 서사극 이론이 발전되었다. 독일의 1920년대는 소위 '절규극'이라 불리기도 하는 표현주의극과 파시즘을 선전하는 선전·선동극이 풍미하던 시기로 그런 연극들이 '관객을 무시하는' 제4의 벽이 존재하는 전통극의 형식으로 자리 잡고 있었다. 브레히트는 그러한 연극형식이 '과학의 시대'에 맞지 않는다고 생각했고, 새로운 대안을 찾고자 했다.

1920년대 말과 1930년대 초에 걸쳐 브레히트는 일련의 학습극을 쓰고, 뜻을 같이 하는 동지들과 함께 주로 고등학교와 대학교 등을 돌아다니며 공연했다. 학습극은 원칙적으로 배우가 필요하지 않은 연극이다. 누구나 극중 인물이 될 수 있으며, 공연하는 동안 사회 내의 어떤 사안에 대해 분명한 태도와 자세를 배우게끔 가르친다. 브레히트가 쓴 학습극들은 자신의 연극이 개개인의 인식과정에 어떤 의미로든 도움을 주어야 한다는 브레히트의 생각이 적극적으로 운용된 사례에 해당한다.

브레히트의 첫 성공작은 1928년 공연된 「서푼짜리 오페라」이다. 18세기에 쓰인 존 게이의 「거지 오페라」에 근거하여 당시 사회의 탐욕과 부패상을 냉소적으로 꼬집은 이 작품은 독일 연극사상 전무한 성공을 거두었다. 이후 브레히트는 「마하고니 시의 흥망성쇠」를 공연하였고, 1930년 이 작품에 대한 주석에서 전통적 연극형식과 서사적 연극형식의 대비표를 제시하였다. 이 대비표를 보면 '이성'이 '감정'보다 우위를 차지하고 있다. 이것은 브레히트가 무엇보다도 파시즘에 열광하는 당시 인간들의 집단적 중독성과 광기가 바로 감정의 산물이라 여겼던 것에 기인한다. 그렇다고 브레히트가 감정에 무조건 반대했던 것은 아니다. 그가 반대했던 것은 제어되지 않는, 주관적인 감정이었다. 브레히트의 서사극은 감정을 생산하고자 하지 않는다. 감정은 서사극에 존재하지 않는 것이 아니라 연구대상인 것이다. 동일한 정치적 이데올로기를 신봉했지만, 피스카토르가 관객의 감정에 호소해 관객을 선동하려고 한 반면, 브레히트는 관객의 이성에 호소하고자 했다. 이런 차이는 피스카토르가 관객의 지적 수준을 높게 보지 않은 데 비해 브레히트는 근본적으로 관객, 즉 인간에 대한 믿음을 갖고 있었음을 의미한다.

검정이입을 반대한다는 것은 다시 말해 착각하지 말자는 것이다. 연극은 어디까지나 연극인데 실제 삶과 혼동하는 것, 그래서 극중 인물이 마치 나인 것처럼, 그가 겪는 사건들을 마치 내가 겪는 것처럼 착각하는 것에 브레히트는 반대했던 것이다. 이는 결국 예술과 삶을 동일시했던 자연주의에 대한 반대였고, 궁극적으로는 금과옥조로 여겨지던 아리스토텔레스의 시학에 대한 반대였다.

인간과 세계의 개선에 기여하는 연극을 실현하고자 했던 브레히트는 연극이 세계에 대한 사람들의 인식을 도와야 한다고 생각했으며, 이 인식과정은 감각적이면서 가볍고 명랑하게, 즉 재미와 함께 이루어져야 한다고 주장했다. 결국 브레히트 연극의 궁극적 목표는 '재미'와 '교육'이었다. 이 목표를 달성하기 위한 실천 방법으로서 브레히트는 생소화의 개념을 도입했다. '생소화'란 우리가 너무나 잘 알고 있어서 습관적으로 당연시 여기는 현실에서 모순을 발견하고 문제를 제기할 수 있는 인식으로 가는 전제조건이다. 이 인식의 과정은 어떤 사물이나 상황에 일정한 거리를 두고 보았을 때 가능하다. '거리'는 예술과 현실을 다르게 보게 한다. 즉, 무대 위에서 실제가 아닌 것이 배우에 의해 제시되며, 배우도 그가 분하는 인물과 동일하지 않다는 것을 인식하게 하는 것이다.

생소화의 개념은 연극의 생산과 수용에 공히 적용된다. 즉, 지금까지와는 다른 사건과 인물이 창조되어야 하고, 그것을 형상화하는 배우나 그것을 감상하는 관객 모두 다른 자세를 가져야 하는 것이다. 브레히트는 연극의 생산에 '단순화'란 자연과학의 방법을 도입했다. 이는 단순히 '복잡하지 않다'는 것을 의미하는 것이 아니라, 복잡다기한 실제 삶의 과정 중 하나를 분리시켜 특별한 경우로 보여줌으로써 보다 넓은 범위에 적용할 수 있게 하는 것을 의미한다. 그러므로 그의 서사극은 보편적이고 일반적인 전형을 그리는 것이 아니라 특수하고 개인적인 것을 그린다. 이것이 생소화에 전제된 '역사화'이다. 지난 사건에 대한 묘사는 그것이 지나간 것이며 순간적이라는 것을 인식하게 해준다. 또한 그것은 인간의 상황은 변하는 것이며 변화시킬 수 있다는 증거가 되기도 한다. 이런 것을 바라보는 현재의 관객은 현재의 상황은 오래 지속되는 것이 아니라는 것을 의식하게 된다. 그는 결국 묘사된 과거를 통해 거리를 두고 현재를 바라보며 비판의식을 가질 수 있는 것이다.

이런 맥락에서 브레히트는 '관극술'에 대해 언급했다. 관객은 그의 서사극에서 독특한 위치를 차지한다. 브레히트는 관객이 현실세계에서 예술세계로 함몰되지 않기를 희망했다. 아리스토텔레스가 주장한 것처럼 '공포'와 '연민'을 갖고 작품을 통해 카타르시스, 즉 감정의 정화를 느끼는 관객은 무대 위에서 보여주는 것 이상을 보지 못한다고 생각했기 때문이다. 그러므로 브레히트는 관객이 지적 호기심을 갖고 무대 위에서 보여주는 과정을 보기를 원했다. 그래야 그는 그 과정을 거리를 두고 숙고하고, 비판적으로 관찰할 가능성을 가질 수 있기 때문이다. 브레히트가 궁극적으로 원했던 것은 관객이 깨인 인식을 갖고 현실세계로 돌아가 개선되고, 그럼으로써 세계의 개선에 기여하는 것이었다.

서사극은 극작 단계부터 관객이 극중 인물과 사건에 정서적으로 동일시하지 못하도록 쓰여진다. 장면들은 잘 짜이는 것이 아니라 짤막한 에피소드들로 연결되며, 중간 중간 노래를 삽입하거나 배우가 관객에게 직접 말을 건네는 책략으로 정서적 연계감을 끊는다. 극중 시간과 장소는 플래카드나 팻말 등을 이용하여 제시되고, 앞으로 일어날 사건의 추이에 대해서도 서스펜스를 갖지 못하도록 소제목을 달아 미리 알려준다.

서사극은 나름대로의 공연방식을 요구한다. 무대장치는 기능적 역할로 충분하기 때문에 꼭 필요한 것만 제시하도록 간략해지며, 조명도 분위기를 살리는 것이 아니라 무대장치와 배우를 보이게 하는 역할로 충분하다. 배우 역시 자신의 역에 몰입해서는 안 되고 거리를 가져야 한다. 즉, 자신의 역을 '생활'해서는 안 되고, 사상의 전달자이므로 설명하듯 제시하면 된다. 이때 배우는 게스투스를 보여야 하는데, 이는 영어의 제스처와 다르다. '게스투스'는 인물의 사회적 지위와 처한 환경, 성격적 속성 등에서 나온 특정한 태도나 자세를 말한다.

공산주의자였던 브레히트는 나치가 득세하자 1933년 독일을 떠나 약 15년간 프라하, 비인, 파리 등지를 거쳐 미국에 정착했고 이 기간 동안 「억척어멈과 그녀의 자식들」, 「푼틸라 씨와 그의 하인 마티」, 「갈릴레이의 생애」, 「사천의 착한 사람」 등의 대작들을 썼다. 망명생활을 끝내고 브레히트는 1948년 동베를린에 정착했다. 다음해 브레히트는 아내인 배우 헬레네 바이겔과 함께 '베를린 앙상블'을 창단했다. 이 극단이 실천하고자 했던 목표는 망명으로 공연되지 못했던 브레히트 작품들과 나치 시대에 공연되지 못했던 독일 고전작품들의 무대화, 젊은 연극인들의 교육과 훈련이었다. 특히 브레히트는 연출가 후예들을 키우는데 대단한 열성을 보여 그의 제자였던

에곤 몽크, 벤노 베쏜, 만프레드 베크베르트, 페터 팔리취, 콘라드 스비나르스키 등은 서독으로 건너와 1970년대 이후 독일어권의 주도적 연출가들로 활약하고 있다.

연극의 창작활동을 집단적인 작업과정으로 이해했고, 대본도 완결되거나 고정된 것으로 보지 않았다. 항상 실험의 결과와 무대현실을 감안하여 개작되고 발전되는 것으로 보았던 브레히트는 타계한 1956년까지 베를린 앙상블에서 혼자, 혹은 제자들과 함께 연출을 하고, 때로는 드라마투르기 작업이나 연출고문의 역할도 했다. 이 극단은 1954년부터 현재까지 쉬프바우어담 테아터를 전용극장으로 갖고 있으며, 같은 해 파리에서 열린 세계연극제에 참가한 「억척어멈과 그녀의 자식들」은 서방세계의 비평가들과 관객들을 감동시킴으로써 다시 한 번 브레히트의 위상을 높였다. 현재 브레히트의 희곡들은 현대의 고전으로 평가받고 있으나, 자신의 예술작품을 만들고 싶어하는 젊은 연출가들은 그의 작품을 연출하기를 썩 내켜하지 않아 각 극장의 레퍼토리에 들어가지 못한다. 그 이유는 무엇보다도 작품의 변경이 판권 소유자에 의해 허용되지 않는 관계로 오늘날의 시각으로 해석한 버전을 만들기가 어렵기 때문인 것으로 알려져 있다.

바이스의 기록극

1960년대 서독에서는 사회적 상황과 분위기에 힘입어 기록극이 성행했다. 종전 후 나치의 학살과 만행을 심판하는 아우슈비츠 재판이 1963년부터 프랑크푸르트에서 열려 역사에 대한 비판과 반성이 시작되었으며, 문화·예술 면에서는 빌리 브란트 수상(재임기간: 1969~1974)이 주변국에 대한 사죄를 표명하면서 동구권 국가들에 대한 화해정책과 문화적 자유주의를 표방하며 사회비판적 시각을 지닌 공연단체들도 지원했다. 이 결과 다양한 이데올로기를 포용하는 분위기가 조성되었다. 또한 파리에서 가장 극심했지만 서베를린에서도 일어났던 1968년 5월의 학생운동 또한 젊은이들의 정치의식 고취에 일조하였다. 젊은 세대는 모든 형태의 권위주의에 비판적이었으며, 특히 미국의 베트남 전쟁에 대한 반대운동에 앞장섰다. 이런 상황과 분위기 속에서 그때까지 은폐되었던 민감한 역사적 사건들의 참모습을 밝혀보려 한 담론의 장으로서 기록극들이 공연되었다. 그 첫 테이프를 끊은 작품이 제2차 세계대전 때 히틀러에 의한 유대인 학살을 방관한 카톨릭 교회를 비판한 호흐후트의 「대리인」이었다.

기록극은 크게 두 가지 원칙에 따라 생성된다. 하나는 창작을 위해 다양한 기록 자료들을 이용함으로써 창조자인 작가의 얼굴이 분명하게 드러나는 경우이고, 또 하나는 작가가 단순한 '조립자'로 기능하는 경우이다. 「대리인」과 페터 바이스의 「마라/사드」는 전자의 예에 속하고, 키프하르트의 「로버트 오펜하이머 사건」, 바이스의 「수사」, 엔첸스베르거의 「하바나 심문」 등이 후자의 예가 된다.

페터 바이스(Peter Weiss)는 기록극을 생산한 대표적 작가들 중 한 사람이다. 유태계인 바이스는 종전 직후 고국을 떠나 스웨덴에 정착했다. 그를 세계적인 작가로 부상시킨 대표작은 「사드 후작의 연출로 샤랑통 정신병원 연극단에 의해 공연된 장 폴 마라의 박해와 살해」이다. 긴 제목 때문에 일명 「마라/사드」로 불리는 이 작품에서 바이스는 허무주의자이자 개인주의자인 사드 후작과 혁명주의인 장 폴 마라의 혁명관을 대비시킴과 동시에 서양연극사를 형성해온 다양한 양식과 연극테크닉을 총망라했다. 그래서 이 작품은 사회의 이념과 연출자가 지지하는 이데올로기에 따라 강조점을 변형하여 무대화할 수 있는 가능성을 지니고 있었다. 샤랑통 정신병원에 수감되었던 사드 후작이 그곳에서 환자들을 데리고 연극을 공연한 것과 마라가 샬롯테 코르데이에 의해 살해된 것은 역사적인 사실이며, 자신들의 혁명관을 피력하는 사드와 마라의 대사는 거의 실제의 기록물들이지만, 사드와 마라는 실제 역사에서 만난 적이 없기 때문에, 이 작품은 기록극이 아니라는 주장도 제기되고 있다. 어쨌든 1964년 서베를린의 실러 테아터에서 콘라드 스비나르스키 연출로 초연된 이 작품은 대성공을 거두었으나 연극사는 같은 해 피터 브룩이 런던의 로열 셰익스피어 컴퍼니에서 연출한 공연을 더욱 성공적인 것으로 기록하고 있다. 아르토의 잔혹극과 브레히트의 서사극 기법을 원용한 브룩의 「마라/사드」는 이후 다른 버전들의 원전에 해당한다고 할 만큼 인상적인 연출로 대성공을 거두었다.

1968년 바이스는 기록극에 대한 주해를 발표했다. 그에 따르면 기록극은 '보고의 연극'으로 모든 가능한 기록물들, 즉 의사록, 서류, 편지, 통계표, 증권소식, 은행이나 회사의 결산 보고, 정부의 성명서, 인터뷰 기사, 정치인의 의사표명, 언론매체의 르포르타주, 개별 사진과 간행물에 게재된 사진 등이 그 근간이 된다. 기록극의 특질은 무엇보다 파당성에 있다. 기록극 작가는 사회적이거나 정치적인 사안에 대해 반드시 어떤 평가를 내려야 한다. 그는 지지나 반대 의사를 분명히 갖고서 수집한 자료들 중에서 자신의 평가를 뚜렷하게 드러낼 수 있는 것들을 취사선택해야 한다. 그러니까 기록극은 현실에 무질서하게 산재해있는 자료들을 관찰자 및 분석자의 분명한 입장을 가진 작가가 조립함으로써 생성되는 것이다.

부조리극

이오네스코, 베케트 등의 부조리극

1950년대 파리를 중심으로 풍미했고, 이후 동서양 연극무대의 레퍼토리로 끊임없이 등장하고 있는 부조리극의 출현에 가장 직접적으로 영향을 준 역사적 사건은 양 차에 걸친 세계대전이며 정신사적으로 보면 실존철학의 대두이다. 제2차 세계대전중이었던 1942년 알베르 카뮈는 『시지프의 신화』에서 이제 보편적으로 수용될 수 있는 구심적인 원칙, 즉 종교 같은 것을 상실하고, 인간들 간의 모든 관계마저 끊어져 단편적이 되어버린 삶의 무의미함에 대해 언급하며 '부조리'라는 단어를 사용했다. 부조리는 앞뒤가 맞지 않는다는 뜻이다. 이제 우주에서, 삶에서 어떤 중심점도, 목적의식도 찾을 수 없음에도 불구하고 인간은 여전히 존엄성을 갖고 살아야 한다. 아니 살고 싶어한다. 이것이 인간존재의 부조리함이다. 그래서 부조리극은 삶과 죽음, 고독감과 의사소통의 불가능성 등 인간 존재의 조건들 및 근원적이고 핵심적인 상황들을 그린다.

시간의 흐름 속에서 확실하지 않은 무엇인가를 기다리는 인간들, 죽음에서 도망가기 위해 끊임없이 위로 기어 올라가는 인간들, 이유도 없이 죽게끔 내버려진 인간들, 죽음에 거역하다가 결국에는 항복하고 마는 인간들, 그 뒷면은 보지 못한 채 외양의 환상에 빠져 헤어 나오지 못하는 인간들, 주변 세계에 순응하면서 자유를 얻으려고 하지만 항상 체포된 자로 머물러 있다는 것을 깨달아야 하는 인간들, 자신을 둘러싸고 있는 냉기와 어두움에 거역하며 자신의 자리를 찾으려고 헛되이 애쓰는 인간들, 자신이 이해할 수 있는 범주를 벗어나있는 사회의 도덕률을 이해하려고 헛되이 노력하는 인간들, 적극적 노력이든 소극적 행동이든 어느 것이나 결국은 무(無)와 죽음이라는 똑같은 결과를 가져온다는 딜레마에서 출구를 찾지 못하고 방황하는 인간들, 주관의 감옥 속에서 주변 사람들에게 절대 다가가지 못한 채 영원한 고독에 빠진 인간들. 부조리극은 이런 인간들의 상황을 다룬다.

헌데 이런 인간 상황을 묘사함에 있어 근간이 되는 것은 작가의 개인적인 체험과 느낌이다. 즉, 인간존재에 대해 자기만의 독자적인 느낌, 자기만의 세계관을 부조리극 작가들은 전달하고자 한다. 이렇게 개인적인 세계를 무대 위에 투영하기 때문에 부조리극에서는 재래의 사실주의극에 들어있는 줄거리 전개, 인물들의 심리적 동기나 세밀한 성격부여, 의미있는 행위, 긴장감 등이 처음부터 포기된다. 만일 인간존재의 현실이 부조리한 것이라면 그것을 명확하고 조리있게, 논리적인 논증의 형식으로 표현하고자 하는 사실주의극이 어떤 의미에서는 더 비현실적인 것이 아닐까. 부조리함을 부조리한 그대로 드러내는 부조리극이 진정으로 현실적인 것이 아닐까. 그래서 부조리극은 내용과 형식이 일치한다. 즉, 잘 짜여진 논리적 구조를 갖지 않고 극의 시작으로 끝이 다시 돌아오는 순환적 구조나 어디에서 시작하고 끝내도 큰 상관이 없는 직선적 구조로 되어 있다.

내용도 형식도 부조리한 부조리극은 어떤 명제를 내세우지도, 어떤 이데올로기를 설파하며 토론하려 하지도 않는다. 대신 개개 인간이 처한 근본상황에 대한 묘사가 주를 이룬다. 결국 부조리극은 상황의 연극이며 언어 역시 논리의 전개나 토론을 위한 것이 아니라 구체적 이미지를 보여주는 암호가 된다. 무엇인가를 설명하거나 주장하면서 발설하는 것과 실재 사이의 괴리로 인해 언어는 실재를 전달하는 능력을 잃었기 때문이다. 발설될 수 없는 감지와 직관의 원천적이고 무의식적인, 혹은 잠재의식적인 세계를 전달할 수 없는 언어는 결국 평가절하되고 만다. 그래서 부조리극에서는 횡설수설, 위선적 말투, 진부한 상투어구, 어린애들이나 쓸법한 유치한 말, 실제로는 아무런 의미가 없는 간결한 언어 패턴이 반복된다.

　세계와 인간존재에 대한 개인적 느낌과 섬뜩한 악몽같은 비전이 출발점이므로 부조리극 작가들은 동아리를 형성한 적이 없다. 그들은 전쟁의 상흔이 채 가시지 않은 파리의 한 구석에서 머물며 개인적 체험과 느낌을 각자 극화해냈을 뿐이다. 부조리극이란 용어는 헝가리 출신의 연극학자 마틴 에슬린(Martin Esslin)이 이들 일군의 극작가들의 작품에서 공통점들을 발견하고, 1961년 『부조리극』이란 영어 책자를 펴내면서 연극사에 각인되었다. 에슬린이 거명한 부조리극 작가들 중 우리에게도 친숙한 몇 사람을 들자면 사무엘 베케트, 외젠 이오네스코, 장 주네, 해롤드 핀터, 페르난도 아라발, 막스 프리쉬, 귄터 그라스, 에드워드 올비, 페터 한트케, 톰 스토파드 등이 있다.

　부조리극의 첫 무대는 이오네스코의 「대머리 여가수」였다. 1950년 파리의 테아트르 드 녹탕뷜에서 초연된 이 작품은 일견 황당하고 혼란스런 언어유희(말놀이)처럼 보였고, 당시로서는 재래의 연극과 너무나 달랐기 때문에 무리 없이 수용되기 어려웠다. 그러나 십 년이 채 안 되는 사이에 부조리극 작품들은 그 가치를 인정받았다. 즉, 새로운 연극언어, 새로운 개념들, 새로운 관점과 형식으로 연극의 범주를 넓힌 점이 인정된 것이다. 우리나라에서도 20세기에 가장 많이 공연된 서양작품이 베케트의 「고도를 기다리며」이고, 가장 많이 무대화된 서양작가들 속에 베케트와 핀터, 이오네스코가 들어있는 것을

보면 부조리극이 시공을 초월하는 보편성을 지니고 있음을 알
수 있다.

그로토프스키의 '가난한 연극'

에르지 그로토프스키(Jerzy Grotowski)는 1959년부터 1968
년까지 단지 몇 편에 불과한 작품들을 연출했지만 세계적으로
영향을 끼친 폴란드 출신의 연극인이다. 피터 브룩은 "스타니
슬라브스키 이래 연기의 본질, 그 현상과 의미, 그리고 정신
적·육체적·감정적 과정의 본성과 과학을 그로토프스키만큼
깊고 완벽하게 탐구한 사람은 없다."는 말로 이 폴란드 연극
인의 업적을 평가했다. 그로토프스키는 연기술과 무대이론의
탐구 뿐 아니라 연극에 대한 끊임없는 도전과 헌신을 통한 정
신적인 부분까지 세계 연극인들에게 지대한 영향을 끼쳤다.
특히 서구에서는 배우훈련과 교육에 있어 그의 영향이 매우
컸다.

철의 장막 뒤에서 작업을 하던 그로토프스키가 서방세계에
알려진 것은 1966년 출간된 책자 『가난한 연극을 향하여』와
1967년 파리에서 열린 세계연극제 축제에 참가하면서였다. 그
는 1950년대 폴란드의 크라코프에서 연기를, 모스크바와 중국
에서 연출을 공부했으며 1957년 이오네스코의 「의자들」을 연
출하여 연출가로 데뷔했다. 1959년 친구인 루드빅 플라센과
함께 오폴레에 있는 좌석 수 34개의 극장에서 '13열의 연극실

험실'을 시작했다. 이 실험실은 브로클라프로 옮겨졌고, 1970년부터 연기학교라 불리다가 1984년 해체되었다.

그로토프스키가 말한 '가난한 연극'은 '풍부한(혹은 '가진') 연극'의 대치 개념이다. 영화와 텔레비전의 발달로 연극의 존폐가 운위되면서, 연극은 여러 예술의 종합이라는 기존의 생각을 버리고, 오직 배우의 연기술, 배우와 관객의 영교에 의존해야만 살아남을 수 있다는 위기감에서 나온 개념이다. 연극이 아무리 많은 기계류를 투입한다 해도 절대로 영화나 텔레비전을 따라갈 수 없기 때문이다.

가난한 연극의 실현은 결국 연극을 배우와 관객이 하나가 되는 제의, 즉 연극의 뿌리로 돌아가게 하는 것이다. 그로토프스키는 1975년경부터 무대상연이나 프로덕션과는 상관이 없는 '원천의 연극'을 탐구했으며, 이때부터 공연이란 용어를 쓰지 않고 '미팅'이란 단어를 사용했다. 이 '만남'의 개념은 관객을 참여자로 전이시켰고 이렇게 관객과 배우 사이의 구분마저 없어지자 연극상연의 요건이 충족되지 않아, 그로토프스키는 실제 무대로부터 물러나게 되었다. 그 후 그는 세계 여러 나라에서 실험적 작업과 함께 다양한 코스, 세미나, 워크숍 등을 개최했다. 그의 책 『가난한 연극을 향하여』는 여러 언어로 번역되었고, 그의 업적은 1972년 폴란드 국가상을 비롯하여 외국에서도 수많은 상과 훈장이 수여됨으로써 인정을 받았다.

이미 언급했듯 그로토프스키에게 있어 매우 중요한 요소는 배우였다. 그는 배우 개개인이 무대 위에서 보여주는 기술을 연극예술의 핵심이라고 생각했고, 그에 따라 그의 배우훈련은 혹독했다. 그렇다고 그가 배우에게서 기술의 습득만을 요구했던 것은 아니다. 그는 배우에게서 '성스러운 사제'가 될 것과 '자아 초월'을 요구했다. 그의 배우는 자신에게 들러붙어 있는, 관습과 교육의 결과물인 모든 저항과 장애를 없애야 한다. 그러기 위해 이용된 방법이 '부정법'(via negativa)이었다. 이는 어떤 연기술을 배워야겠다는 적극적인 마음가짐, 즉 무언가를 하고싶다는 심적 상태가 아니라 '하지 않겠다는 생각을 물리치는' 상태를 말한다. 그로토프스키 연기법에서의 관건은 충동 이전의 것을 재창조해내는 것이다. 즉, 배우가 사고(思考)로 충동이 중단되기 이전에 충동을 형상화하여 폭발적인 충동을 끌어내 예술형식으로 만들어 냄을 의미한다.

연출가로서 그로토프스키는 근본적으로 희곡을 거부하면서도 프로덕션에서 기존의 희곡을 사용했다. 즉, 희곡에서 공연의 의도에 맞는 부분만을 선택하자 원본은 거의 상실되지만 원본이 갖는 기본사상은 남아있게 되었다. 그로토프스키는 단순히 연극미학을 위해서가 아니라 현대의 문제점을 전달하기 위해, 오늘과의 대결을 위해 희곡에 그런 식으로 접근했던 것이다. 가장 좋은 예는 1962년 작품으로 1968년 에딘버러 축제에 출품된 「아크로폴리스」이다. 스타니슬라브 비스피안스키의 원작에서는 크라코프 성당이 배경이지만 그로토프스키는 이 배경을 아우슈비츠로 바꾸었다.

그로토프스키는 개개 작품을 상연할 때 독특한 방식으로

관객을 극 속에 참여토록 했다. 그는 공연시 관객의 참여를 중요시했지만 리빙시어터처럼 직접적인 접촉은 관객을 도리어 당황하게 한다는 것을 알았기에 늘 적절한 거리를 유지했다. 그의 공연에서 관객은 극중의 일부였다. 예를 들어 「파우스투스 박사의 비극적 이야기」(1962)에서는 만찬에 초대되어 파우스투스의 이야기를 듣는 것처럼 관객을 긴 식탁에 앉게 했고, 칼데론 원작의 「불굴의 왕자」(1965)에서는 사방에 벽을 쌓아 관객이 마치 투우장에 온듯한 느낌을 갖고 관극할 수 있도록 했다.

그로토프스키는 연극을 처음부터 엘리트 예술로 생각했다. 그는 '공연의 순간'을 공연에 직면해 스스로를 분석하고자 하는 참된 욕망을 가진 관객을 요구하는 '정선된 순간'이라 정의하면서 진실로 정신적인 필요를 가진 그런 사람들로 관객을 한정했다. 따라서 그의 공연에는 늘 30~50명 정도의 관객만이 허용되었다.

1960년대 뉴욕의 에너지

미국 연극의 가장 큰 특징을 들자면 상업주의와 대중주의이다. 이 특징들을 대표하는 장르가 뉴욕의 브로드웨이 뮤지컬이다. 높은 입장료를 받는 대신 오랜 리허설로 작품의 수준을 보증하는 브로드웨이 뮤지컬을 이제는 한국에 사는 우리도 어렵지 않게 만날 수 있다. 1980년대 이후 포스트모더니즘의 물결이 상륙한 이후 미학적 대중주의의 여파 때문인지 한국 창작뮤지컬도 관객의 사랑을 가장 많이 받는 장르가 되었고 브로드웨이 뮤지컬이 직접 수입되기도 했다.

미국 사회는 우리의 선입견과는 달리 검소하고 보수적이다. 미국의 중산층을 이루고 있는 WASP(White, Anglo-Saxon, Protestant)의 생활을 보면 이들이 유럽으로부터 삶의 터전을 옮긴

청교도들의 후예로서 매우 검소하고 보수적인 생활을 영위하고 있는 것을 알 수 있다. 이들에게서 새로운 물결과 속도감을 찾아보긴 쉽지 않다. 영국에서 먼저 시작되었지만 1950년대부터 미국에서 꽃피운 팝 아트가 확고부동한 장르로 자리매김하였을 때에도 미국 연극은 유럽의 아방가르드가 보여준 변화와 혁신은 아랑곳하지 않은 채 여전히 자연주의와 사실주의 작품들을 양산해내고 있었다.

그러나 1930년대 중반부터 브로드웨이의 상업적 연극에 반대하는 오프-브로드웨이 연극이 생겨났다. 이곳의 레퍼토리는 브로드웨이에서 공연하기 어렵거나 그곳에서 성공하지 못한 작품들이었다. 오프-브로드웨이의 연극이 브로드웨이의 연극과 다른 점은 상업성을 배제하고 정치적이고 문학적인 앙가주망을 가지고 있었다는 것이다. 오프-브로드웨이의 연극은 1960년대에 이르자 한 시즌에 공연되는 작품수가 브로드웨이보다 더 많아졌을 정도로 관객의 호응을 받았다. 특히 미국의 유수한 작가들의 작품이 줄줄이 재공연되었으며, 유진 오닐, 에드워드 올비, 잭 갤버 등이 레퍼토리에 들어 있었다. 관객의 호응이 높아지자 오프-브로드웨이 연극도 본래의 취지와는 달리 상업적 성공과 이윤을 추구하게 되었고, 이에 반대하는 오프-오프-브로드웨이 연극이 형성되었다.

건국 2백여 년의 역사를 가진 젊은 나라이지만 세계의 최강대국인 미국의 풍요 이면에는 다인종, 다민족의 혼합에서 비롯된 인종차별, 자본주의가 낳은 빈부의 격차 등 어두운 면이

도사리고 있었다. 이 두 개의 얼굴 사이에서 극단적인 개인주의와 초월주의에 빠진 젊은이들은 1960년대를 정점으로 독특한 청년문화인 히피문화와 반문화를 낳았다. 이때 특히 뉴욕은 예술의 여러 장르에 있어 실험적 시도와 작업들이 들끓었던, 에너지 넘치는 아방가르드의 용광로였다. 해프닝, 포스트모던 춤, 퍼포먼스 아트, 앤디 워홀의 영화 등, 모든 가능한 장르가 서로의 경계와 한계를 뛰어넘어 공존했다. 연극에서도 집단 창작, 공동체 생활, 삶과 예술의 경계 허물기, 극중 등장인물들을 일상의 실제 인물로 대체하기, 문학적 코드가 아닌 연극적 코드의 선호, 발설어가 아닌 소리로서의 언어 추구, 관객과 함께하는 공연의 제의성 등이 두드러졌으며 그야말로 미국 연극사에서 전례를 찾아볼 수 없는 에너지로 충만해 있었다. 오프-오프-브로드웨이 연극을 대표하는 전위 극단들, 즉 리빙시어터, 오픈시어터, 퍼포먼스 그룹은 바로 1960년대 뉴욕의 이러한 에너지 속에서 활동했다.

벡과 리빙시어터

피스카토르 연극 워크숍의 학생들이었던 줄리안 벡과 주디트 말리나가 1951년 자신들의 아파트를 거점으로 시작한 극단이 리빙시어터(the Living Theatre)이다. 이 극단이야말로 바로 위에 언급했던 연극의 특징을 고스란히 체현했던 가장 극단적이고 급진적인 극단이었다. 벡과 말리나는 극단 결성 이

전부터 이미 자본주의의 화폐제도를 경멸했고, 예술을 구속하는 제약을 안고 있는 '부르주아 연극'을 혐오했던 무정부주의자들이었다. 이들은 정치적 무정부주의가 아방가르드 연극의 바탕이 되어야 한다고 주장했으며, 이들에게 있어 삶과 예술은 하나였다. 극단의 이름에 '리빙'이란 단어가 들어간 것도 이런 확신 때문이었다.

리빙시어터는 창단부터 변혁을 위한 무정부주의적 혁명을 주 노선으로 삼았지만 활동 초기에는 연극의 변혁에 중점이 주어져, 심리적 사실주의와 자연주의의 범주에서 벗어나지 못하고 침체되어 있는 기존의 미국 연극에 대한 반성으로 연극에 시적 언어를 부여하고자 하였다. 이런 목표 달성을 위해 리빙시어터는 1960년대 초반까지 가르시아 로르카, 거투르드 스타인, 브레히트, 스트린드베리, 피란델로, 알프레드 자리 등의 작품을 무대화했다. 이 시기 이 극단의 특징이 가장 잘 드러난 공연은 케네스 브라운의 「함내 감옥」이었다. 미 해군 함정 내 감옥에서 벌어지는 ─물론 상상 속의─ 극 행위는 굴욕감, 체벌, 고립과 비인격화의 참담한 이미지들로 구성되었다. 공연은 시간대별로 감옥 내의 '법규'가 어떻게 비인간적으로 제소자들에게 적용되는 지를 보고 있노라면 관객으로 하여금 거의 본능적으로 규율과 제도에 대한 거부반응을 보이게끔 의도되었다.

연극, 정치, 삶이 하나라고 생각했지만 리빙시어터는 1961년 파리에서 열린 세계연극제에서 최우수 연기단체로서 파리 비평가 상을 수상했고, 이후 연속 3년 동안 뉴욕 그리니치 빌리지에서 발행되는 신문인 『빌리지 보이스』가 주는 오비상을 수상함으로써 작업의 예술성도 인정받았다. 그러나 화폐제도를 부정했던 이 극단은 세금납부를 거부한데다 공연금지를 당한 「함내 감옥」의 불법공연 등의 이유로 1964년 벡 부부가 감옥행의 처벌을 받게 되자 일시 해단되었다. 이 극단은 극단 운영에 있어 조직적인 경제체제를 무시했기 때문에 아이들까지 합쳐 40여 명에 이르는 단원들은 늘 가난과 채권자들의 소송에 시달렸고, 자신들의 스튜디오가 들어있는 건물주들과 끊임없는 마찰을 겪었기 때문에 일시적 해단은 당연한 귀결이기도 했다.

일시적 해단 이후 리빙시어터는 유럽으로 거점을 옮겼다. 프랑스, 이탈리아, 스위스, 독일 등에서도 이 극단은 여전히 경제적 어려움에 시달렸으나 공동체 생활을 더욱 검소하게 꾸리면서 정신적으로는 무정부주의와 혁명으로 더욱더 강하게 무장하고 오직 연극에만 전념했다. 아울러 이미 아방가르드의 토대가 군건한 유럽에서 완성도 높은 공연들을 제작할 수 있었다. 유럽에서의 작업 중 가장 성공적인 공연으로는 1965년 베니스에서 초연된 「프랑켄슈타인」과 1968년 아비뇽 페스티벌에 출품된 「이제는 낙원으로」였다.

영국의 낭만파 시인이자 시대의 이단아였던 퍼시 비셰 셸리의 아내 메리 셸리의 원작을 근간으로 한 「프랑켄슈타인」은 공동창작으로서 인간성 회복에 대한 믿음을 토대로 이루어진 공연이었다. 이 작품의 대사는 마오쩌둥, 월트 휘트먼, 마르크스 등의 어록에서 인용된 부분이 많았고, 사회와 제도뿐 아니라 인간 개개인에게 내재되어 있는 악마성이 은유적으로 표현되었다. 인간이 만들어낸 기이하고 병적이며 신비로운 괴물 프랑켄슈타인은 바로 우리들의 자화상이며, 테러장면과 신화적 팬터마임, 공포효과 등을 이용한 시각적 은유로 문명의 위협을 드러내고 있다. 이 공연은 리빙시어터가 제작한 작품들 중 가장 예술성이 높은 공연으로 평가된다.

"인간의 고통이 어떻게 하면 끝날 수 있는가?"란 프랑켄슈타인의 질문에 대한 답으로 의도된, 역시 공동 창작품인 「이제는 낙원으로」는 리빙시어터의 정신을 대표한 가장 충격적이며 노골적인 공연이었다. 낙원은 화폐제도를 비롯한 모든 사회적 제도들과 구속, 성적 금기로부터 해방된 자유로운 상태를 말한다. 이 자유로운 상태야말로 비폭력의 무정부적 사회의 전제이기 때문이다. 일정한 공연대본 없이 관객의 반응에 따라 많은 부분이 즉흥적으로 이루어지는 하나의 스펙터클이었던 이 공연에서는 관객참여가 적극 유도되었다. 관객은 사회의 제반 금기사항들의 거부를 몸소 실천하도록 유도되었다. 관객들은 배우들과 마찬가지로 옷을 벗고, 마리화나를 피우고, 심지어는 성교를 하도록 부추김을 받았다. 특히 성적 억압은 대표적인 금기사항으로 상정되었고, 성교는 평화와 통합상태의 상징이었다. 이 마지막 장면은 '우주적 교류' 혹은 '사랑의 보루'라 불렸으며 관객과 배우, 현실과 연극의 경계가 사라진 상태에서 모두 하나가 되어 ─물론 모든 관객이 참여한 것은 아니었지만— 뒹굴고 어루만지고 이야기했다. 이 공연에서 리빙시어터가 목표했던 것은 관객의 내적 혁명이었다. 내적 혁명을 통해 실질적인 혁명을 이루고자 했던 리빙시어터는 관객의 인식 변화와 그 실천을 요구했다.

유럽에서 다시 미국으로 돌아온 리빙시어터는 1970년 공식적으로 해단되었고, 여기서 분파된 그룹들이 세계 여러 나라에서 활동을 계속했다. 1985년 줄리안 벡이 타계하자 말리나 혼자 활동하다 1989년부터는 뉴욕에 전용극장을 갖게 되었다. 리빙시어터는 연극을 예술을 위한 연극이 아니라 기존의 것을 변경하기 위한 도덕적, 혁명적 수단으로 이해했다. 무정부주의적 평화주의가 이 극단의 철학이었으며, 정치적 내용과 목표는 피스카토르와 브레히트에게서, 방법론이나 권위의 부정은 아르토에게서 각각 영향을 받았다. 구슬목걸이, 수염, 장발, 히피옷차림, 마약중독자 같은 외모만으로도 이들은 반문화 그룹에서 많은 추종자를 낳았으나, 연극에서 실질적 후계자는 없는 것으로 보인다.

체이킨과 오픈시어터

리빙시어터가 유럽으로 떠난 후 함께 떠나지 않았던 단원 조셉 체이킨(Joseph Chaikin)과 피터 펠드먼(Peter Feldmann)이 주축이 되어 1963년 체이킨의 아파트에서 극단 오픈시어터(the Open Theatre)를 창단했다. 여기에 미건 테리, 장-클로드

반 이탤리 등의 작가와 제럴딘 러스트, 시드니 월터 등의 연출가가 합세했다. 높은 입장료를 지불할 수 있는 관객만을 받아들이고, 장르 면에서도 다양성을 허용하지 못하는 브로드웨이의 폐쇄된 연극에 반대되는 개방된 연극을 추구한다는 입장에서 극단명에 '오픈'이라는 단어가 사용되었다. 이 극단은 제도권 연극, 상업적 연극, 자본주의 사회를 거부했고, 삶과 예술을 가능하면 통합하는 존재형식을 추구했으며, 공동창작을 원칙으로 했다는 점에서는 리빙시어터와 맥을 같이 했다. 그러나 집단적 공동생활을 하지 않았고 연극을 정치적 선전물로 여기지 않았다는 점에서는 달랐다. 극단원들은 모두 동등한 자격을 가지며 지도자가 따로 없는 협동체를 만들어야 한다는 원칙 하에 각자 소액의 회비를 부담하여 극단을 운영했다.

오픈시어터는 리빙시어터의 결함으로 지적되었던 조악한 연기를 극복하고자 배우의 신체와 목소리가 실제 연극 작업에서 즉흥적인 변형이 가능하도록 단원들을 훈련하였다. 비인간적인 사회에 대한 인간 개개인의 반응을 묘사할 수 있는 연기 스타일을 발전시키려는 것이 이 극단의 목표였다. 이에 따라 소리, 몸짓, 리듬, 침묵 등의 연극언어가 표현양식의 기본이 되었다. 배우들은 공연에서 언어보다는 즉흥적인 반응이나 태도를 중요하게 생각했고, 제스처나 소리로 의미를 표현하고자 노력했다. 이들의 작업은 개인적이며 매우 표현력이 높은 형태로 공연을 이끌었다.

이 극단의 작업방식은 공동창작에 의한 라이브 공연의 성격이었다. 체이킨은 특히 '라이브'만이 영화와 텔레비전의 강력한 힘에 의해 생존을 위협받고 있는 연극의 고유한 특징을 살릴 수 있다고 생각했다. 그래서 오픈시어터는 공연에서 연기자와 관객의 만남을 추구했으나 이런 작업방식은 많은 시간을 필요로 하는 것이었다. 연기자들이 각자의 심연에 깔린 공동의 유대감을 찾아내는 데 가치를 부여해야 하고, 관객들과도 공통되는 인식을 같이 해야 했기 때문이다. 이러한 조심성 때문인지 오픈시어터의 관객과의 접촉 시도는 리빙시어터처럼 일부 관객에게 놀라움이나 불쾌감을 주지는 않았다. 오픈시어터의 공동작업은 연극이 기계화되고 억압된 사회에서 억눌려 있는 개인을 건져낼 수 있다는 희망을 가시화했다. 체이킨과 오픈시어터는 히피적 청년문화, 요가의식, 감수성 훈련, 형태심리학 등에서 강한 영향을 받았고, 이것들은 개인적 필요에 의해 선택되고 작업에 적용되었다.

오픈시어터의 철학과 의도가 가장 성공적으로 형상화되었고 리빙시어터의 「이제는 낙원으로」보다 예술적 완성도가 높다고 평가받은 작품은 1968년 공연된 「뱀」이었다. 이 작품은 구약성서를 근거로 창세기의 원죄에 의한 타락 이후에도 인간이 전혀 변화하지 않은 채 존속되는 현재를 드러냈다. 그 현재는 미국의 암울한 1960년대를 표상하는 존 케네디와 마틴 루터 킹의 암살을 극 속에 집어넣음으로써 표현되었다. 소도구는 거의 없이 모든 이미지들이 잘 훈련된 배우들의 몸으로 창조되어 분명 미학적 완성도는 높았으나, 심오함이 결여되어 형이상학적인 연상까지는 끌어내지 못했다는 평을 받았다.

「뱀」이후 오픈시어터는 1969년부터 미국, 캐나다, 유럽, 중동 등에서 순회공연을 했고, 「터미널」, 「변형 쇼」, 「몽유병」등의 작품을 발표했다. 극단의 명성은 높아졌고, 오비상, 드라마 데스크상, 베오그라드에서 열린 세계연극제에서 일등상 등을 수상하면서 어느 틈에 체이킨의 이름만이 알려지자 단원들의 불만도 높아졌다. 모두 동등한 자격을 갖기로 했던 창단 원칙이 퇴색되었기 때문이었다. 체이킨 자신도 극단의 명성으로 인해 전통이 형성되는 것을 원치 않아 오픈시어터는 결국 1973년 해체되었다.

셰크너와 퍼포먼스 그룹

위의 두 극단에 버금가는 중요한 극단인 퍼포먼스 그룹(the Perfomance Group)은 튤레인 대학에서 뉴욕 대학으로 보직을 옮긴 리차드 셰크너(Richard Schechner)에 의해 1967년 창단되었다. 셰크너는 당대 아방가르드의 영향을 받았고, 오래도록 여행을 하며 아시아의 연극 및 제의식을 상세히 연구함으로써 자신의 작업과 이론 형성의 기초를 마련했다. 셰크너는 1966년 뉴욕 대학교에 머물렀던 그로토프스키에게서도 실제적 영향을 받았는데, 기존의 대본에 대해 전혀 새로운 접근을 하고, 그것으로부터 새로운 소리, 공간, 극의 동작이 발전하는 새로운 공연을 만들어냈다는 점에서는 그로토프스키와 비슷하지만 그 결과물은 달랐다.

퍼포먼스 그룹 창단 당시 셰크너의 슬로건은 '반(反) 프로시니엄'이었다. 그는 뉴욕 우스터 가에 있는 창고를 빌려 소위 '환경극장'을 만들었다. 배우와 관객을 분리시키는 프로시니엄을 없애고 매 공연마다 독특한 공간을 형성하려는 환경극장에서는 기존의 고정된 극장건축물에서와는 달리 관객이 공간의 반을 형성하게끔 했다. 관객이 무대장치의 일부로 기능했던 것이다. 우스터 가의 창고 분위기는 자유롭고 형식에 얽매여 있지 않아 관객으로 하여금 축제에 참여하는 것과 같은 기대를 갖게 했다. 여기에서부터 셰크너는 1973년 '환경연극'이란 개념을 도입했다.

공간의 파괴는 셰크너로 하여금 원시 제의식과 만나게 했다. 부락의 공터가 무대였고, 온 부락민이 한 마음으로 행했던 원시시대 제의식의 공동체적 성격과 즉흥성을 현대에 옮기려는 것이 셰크너의 의도였다. 그는 배우와 관객 사이에서 얻어지는 반응들을 극 속에 녹아들게 함으로써 공연과 실제의 경계를 없애려고 하였다. 그러나 이런 시도는 관객과 배우가 내적으로 하나일 수 있는 공통분모가 있을 때에만 가능한 것이다. 그렇지 못하면 제의적 시도는 외적으로 보이는 형식일 뿐이다.

제의적 드라마를 재창조하려는 시도가 분명하게 드러났고, 퍼포먼스 그룹을 유명하게 한 성공작은 1968년 공연한 「69년의 디오니소스」였다. 2,500년 전의 작품이라고 믿기지 않을 만큼 생생한 성적 표현과 신과 인간의 대결을 극적으로 그린 에우리피데스의 비극「박카스의 여신도들」을 근간으로 만들어진 이 공연에서 셰크너는 축제와 제의가 혼합된 무아경을 표현하고자 하였다. 배우들은 등장인물이자 동시에 자기 자신이었으며 관객에게 극의 과정과 결말이 맡겨졌다. 인간들의 벌거벗은 몸이 이미지와 의미를 만들었다. 그러나 무대 위에서 벌어진 성교와 성적 유희는 작품의 원래 의도와는 다른 결과를 나타냈다. 즉 이 작품의 의미는 그 내용이 아니라 단순히 관객을 벗게 하는 데 있었다는 비판을 면치 못했던 것이다. 하나의 공간 안에 자리한 관객과 배우들은 원시적 집단 난장(亂場)을 함께 경험할 수 있었는지 모르지만 결국 도덕적, 종교적, 심리적 공통분모를 갖지 못했던 관객의 참여는 대부분 협박이나 강요의 성격으로 수행되었던 것이다.

　퍼포먼스 그룹이 제작했던 작품들 역시 정치적이고 사회비판적인 내용이 주조를 이루고 있었고, 이는 당연히 반 파시즘, 반 군국주의의 주장을 동반했다. 이 극단은 1979년에 해체되었으나, 셰크너는 기존의 공연 공간을 파괴하여 배우와 관객을 하나로 묶는 '환경연극'의 개념을 널리 알렸으며 아르토, 그로토프스키 등이 천착했던 제의적 연극을 미국에 이식했다.

보편적 연극언어 vs. 새로운 연극언어

피터 브룩의 '보편적 연극언어' 찾기

제도권 연극과 실험적 연극을 두루 섭렵하고, 드라마와 관련된 모든 장르에 걸쳐 가장 다양하게 정력적으로 활동하고 있는 20세기 연극인을 들자면 피터 브룩(Peter Brook)이 단연 첫째로 꼽힐 것이다. 1925년 영국 출생인 브룩은 영화와 텔레비전 작품에 감독도 하고 텍스트도 썼지만 연극연출가로서 가장 명성을 얻었다. 그는 연출뿐 아니라 음악 작곡, 무대와 의상 디자인, 대본쓰기 등 연극 프로덕션의 거의 모든 분야에 걸쳐 종횡무진 작업하였다. 연출한 작품의 유형도 비극으로부터 소극과 오페레타, 오페라에 이르기까지 매우 다양하다.

브룩은 17세 때 아마추어 연출가로 데뷔했다. "경이로운 소년"이자 "무서운 아이"였던 브룩은 1945년 버밍햄 레퍼토리 시어터에서 본격적인 연출 작업을 시작했고, 다음해인 20세 때 스트랫포드-어펀-에이번 축제에 이 축제사상 가장 나이 어린 연출가로 초청받아 일련의 셰익스피어 작품들, 특히 이 축제에서 별로 인기가 없던 작품들까지 연출했다. 셰익스피어 작품들의 연출에서 브룩은 당시까지 통용되던 스타일과 과감히 결별하고 독특하게 접근했다. 그는 당시 셰익스피어의 작품들이 과도한 감상벽과 자기만족적인 가치 속에 매몰되어버린 상태임에도 관객, 학자, 언론 모두 그것을 전통주의라고 생각하며 그런 접근을 고무한다고 비판했다.

브룩이 연출가로서 셰익스피어를 꼭 넘어야 할 산봉우리로 여겼던 이유는 그가 현대연극에서 주목하고 있는 세 사람, 즉 아르토, 브레히트, 베케트에게서 셰익스피어적인 특징이 발견되기 때문이다. 셰익스피어에 대한 브룩의 관심은 이 대가의 방법론이 아니라, 이 대가가 지녔던 인간의 현존 및 움직이는 사회에 대한 질문이었다. 셰익스피어에 대한 브룩의 탐색은 이 대가의 여러 작품을 연출하게 했고, 드디어 브룩으로 하여금 '원천의 연극'에 대한 탐구를 하게 만드는 계기를 마련해준 「한여름 밤의 꿈」을 탄생시켰다. 로열 셰익스피어 극단의 최고 성공작 중 하나로 기록되어 있는 이 작품은 1970년 스트랫포드-어펀-에이번 시즌에 초연된 후, 전 세계 36개 도시에서 535회나 공연되었다. 브룩의 이 작품 연출은 여러 면에서 기존의 셰익스피어 공연들과 달랐다. 무대는 삼면이 하얀 박스,

그야말로 브룩이 극적 공간으로서 가장 이상적으로 여기는 '빈 공간'이었고, 의상은 시대적 고증과는 전혀 무관한 것으로 배우들은 모두 길고 흰 망토를 걸치고 그 아래 캐릭터를 드러내는 옷을 입고 있었다. 배우들은 마치 곡예사처럼 훈련되었으며 연인들을 잠들게 하는 자주색 꽃도 배우가 막대기 위에서 돌리는 접시로 대치되었다. 이 작품의 연출에서 브룩이 가졌던 기본 컨셉은 극적 일루전을 주지 말자는 것이었다. 배우들은 자신들이 연극을 하고 있다는 사실을 전혀 감추지 않았으며 공연 중 관객에게 직접 말을 걸기도 하고, 공연이 끝났을 때에는 객석으로 내려가 관객들과 악수를 하는 등 신체적 접촉도 가졌다.

이 작품이 끝난 후 브룩은 파리를 근거지로 삼고 세계 여러 나라 출신의 배우들을 데리고 이란, 아프리카 등지를 여행하면서 완전히 자유로운 실험적 연극 작업에 몰두하며 궁극적으로 세계 어느 나라에서나 소통이 가능한 '보편적 연극언어'를 추구하고 있다. 그 결과로 나온 작품들로는 신조어 창조까지를 시도했던 「오르가스트」, 멸종 직전의 한 아프리카 종족의 이야기를 담은 「이크족」, 인도의 대 서사시 『마하바라타』를 각색한 9시간여의 공연 「마하바라타」 등이 있다.

브룩이 제도권 연극의 연출가로서 확실히 이름을 얻게 된 것은 「리어왕」(1962)과 페터 바이스의 「마라/사드」(1964)를 통해서였다. 전자는 폴란드의 연극학자 얀 코트가 그의 책 『우리의 당대인 셰익스피어』에서 해석한 것에 근거해 인간 실존의 부조리함으로 해석되었고, 베케트적 기조로 연출되었다. 파리와 모스크바, 뉴욕을 비롯해 구미의 여러 도시에서 순회 공연한 이 작품은 늘 평가가 좋은 것은 아니었지만 어떤 평가가 되었든 우리 시대의 척도와 현대극의 현상에 맞게 연출되었다는 칭찬을 받았다.

브룩은 관객의 감각을 흔들도록 정보와 감정의 단편들이 때로는 한꺼번에, 때로는 서로 중첩되게 제공하는 희곡을 좋은 희곡이라 생각한다. 브룩이 「마라/사드」에서 발견한 것이 바로 그런 것이었다. 그간 서양연극사를 풍미했던 주장과 양식, 테크닉이 총망라되어 혁명주의자 장 폴 마라와 허무주의자 사드 백작 간에 벌어지는 혁명에 대한 강렬한 논의를 극화하고 있는 바이스의 희곡은 당시 바로 이점 때문에 비난받기도 했지만 브룩은 이 희곡에 들어있는 재료들이 풍부한 상상력을 자극한다는 것과 이 상상력이 다층적으로 동시에 작용한다고 보았다. 이 작품을 작업하기 직전 아르토의 연극관을 실험한 '잔혹극' 워크숍을 가졌던 브룩은 「마라/사드」의 공연을 위해서는 아르토적 경향과 브레히트적 경향이 요구된다고 보아 새디즘, 폭력, 광기에 대한 아르토적 이미지를 강조하면서도 공연 테크닉 면에서는 브레히트적 요소를 사용했다.

끊임없이 "연극은 무엇인가?", "무엇 때문에 하는가?"란 질문을 하고 있는 브룩은 눈에 보이지 않는 것을 보이게 하는 '성스러운 연극'을 가장 이상적인 연극이라 생각하며 연극이 많은 사람들에게 의식주나 섹스처럼 없어서는 안 될, 삶에서 절대적인 것이 되는 날을 꿈꾼다. 제도권 연극에서 성공을 누리고 있었을 때에도 브룩은 늘 관습과 상업주의의 병폐를 비판했던 실험정신과 탐구정신의 소유자였다. 그래서 그는 어떤 하나의 진리에 머무르지 않는다. 아르토에게 있어 연극은 불이고, 브레히트에게 있어 연극은 명료한 비전이며, 소위 '시스템'을 비판하면서도 스타니슬라브스키에게 있어 연극은 인간 탐구라고 전제하며 이 중에서 왜 하나를 선택해야 하는지 그는 반문한다.

연출가로서 브룩은 특정한 테크닉이나 방법론을 갖지 않으며 작품을 만들어가는 과정에서도 확고한 구성을 미리 전제하지 않는다. 그의 연출 작업은 어떤 확정된 아이디어로부터 시작되지 않는다. 우선은 텍스트를 중시하지만 텍스트는 그에게서 '자료'의 역할을 한다. 텍스트에 숨겨진 흐름을 간파하고, 가장 많은 것을 끄집어내고, 이미 배태되어 있던 것을 취하여 그것을 내보이는 것을 연출 작업이라고 브룩은 이해한다. 그러므로 연출가가 작업할 때 가져야 하는 단 하나의 컨셉은 연극행위가 세계에서 무엇을 행하는 것인지, 그 행위가 왜 거기에 있는 것인지 자문하는 것이며 그 컨셉을 연출가는 예술에서가 아니라 삶에서 찾아야 한다고 브룩은 생각한다.

바르바의 연극인류학

이탈리아 남부 출신의 에우제니오 바르바(Eugenio Barba)는 그로토프스키가 자신의 유일한 제자라고 인정했던 인물이다. 배우, 연출가, 극단장으로서 바르바는 1964년 오슬로에서 오딘 테아트렛(Odin Teatret)을 창단했다. 1966년 덴마크의 홀스테 브로로 근거지를 옮긴 이 극단은 일종의 연극실험실 같은 것이었다. 그로토프스키의 연극은 너무 내면으로 침잠하다 결국 소멸되고 말았지만 바르바는 이 실험실에서의 작업을 통해 그의 스승이 탐구했던 연기의 정신적, 신체적 기초를 계승하면서 '새로운 연극언어'를 창조하고자 했다. 그 연극언어는 자연발생적 감정들을 원형적 제스처, 자세, 얼굴의 가면화를 이용하여 공포, 고통, 욕망 등의 순수한 상태로 변형시키는 것이었다. 바르바의 이러한 실제작업은 1980년대에 이론화 작업이 시작되어 또 다른 형태의 연극실험실인 연극인류학학교(ISTA: International School of Theatre Anthropology)의 설립을 낳았다.

공연의 상호문화적 분석을 주된 작업내용으로 하는 연극인류학학교는 1979년 설립되었으나 무형의 학교이며 유럽에서 가장 중요한 연극실험실 중 하나이다. 이 학교는 학생도, 교과과정도, 강의도 없는 회합의 개념으로서 후원단체나 후원국의 요청이 있을 때면 열린다. 이 회합에는 동서양의 연극인, 학자들이 초청되고, 젊은 아마추어 연극인들이 자유롭게 참가한다. 분과별로 워크숍이 열리고, 주제에 따른 공동토론의 시간이 있고, 일반 관객을 위해 일련의 공연도 제공된다. 연극인류학학교의 작업에서는 심리적인 것에 연기의 초점을 두는 서양의 연기법을 거부하며, 배우의 신체적인 양식화를 위해 일본의 노와 가부키, 인도의 카타칼리와 오디시 춤, 발리섬의 춤 같은 동양의 전통을 적용한다. 중요한 것은 동양의 전통이냐, 서양의 전통이냐가 아니라 배우의 현존을 생리학적으로 분석함으로써 일상의 연극언어와 공연상황에서의 연극언어의 차이점을 연구하는 것이다. 그래서 바르바는 '연극인류학'을 조직된 공연 상황에서 인간의 행동이 육체적·정신적으로 현존할 때, 그 인간의 행동을 연구하는 것이라 정의했다.

1970~1980년대에는 문화상호주의를 중심으로 다양한 연극적 실험들이 이루어진 시기이기도 했지만 바르바의 이런 측면의 작업은 그의 연극입문과도 관련이 있는 것으로 보인다. 바르바는 노르웨이의 국립연극학교에서 낙방한 후 같은 낙방자들과 함께 독학자들로서 연극에 대한 지식을 몸소 발명해야 한다는 필요성과 연극이 당연시되는 지역에서 멀리 떨어져 늘 이방인으로 머물겠다는 욕구를 갖고 작업하기 시작했다. 바르바는 자신과 같은 입장의 사람들이나 극단들을 '문화의 떠다니는 섬들'이라 정의하며 제도권 연극도, 실험적 아방가르드 연극도 아닌 '제3의 연극'을 주장했다. 독학자들이었던 단원들은 연극에 대해 아는 것을 서로 '맞바꾸기'하며 방법론을 개척해가고, 훈련에 임하며 워크숍을 개최했다. 이 시스템은 다른 문화권으로 순회여행을 할 때에도 적용되었다. 즉, 자신들이 만든 것을 보여주고, 그곳에서 가져올 것을 가져오는 것이다. 자연스럽게 이들의 공연은 해프닝과 퍼포먼스의 성격을 지니게 되었고, 이때부터 바르바의 상호문화적 작업은 시작되

었다고 볼 수 있다.

초창기에는 공연의 미학적-형식적 측면에 관심이 있었지만 바르바는 차츰 연극의 사회적이고 인류애적인 내용에 관심을 갖게 되었다. 그러면서도 그는 연극이 사회를 구제할 수 있다는 것은 어불성설이라고 생각한다. 그와 그의 극단원들은 그저 자신을 묘사하고 자신들이 이 사회의 한 부분임을 발견하고자 했을 뿐이다. 바르바는 매 공연시 약 70명의 관객을 허용하였고, 이들과 함께 내면에 도사리고 있는 강박관념, 꿈, 욕망 등을 찾아내고자 했다.

므누슈킨과 윌슨 : 현재 주목받는 연출가들

므누슈킨과 태양극단

2001년 10월 국립극장 특설무대에서 선보였던 태양극단 (Théâtre du Soleil)의「제방의 북소리」에 한국의 관객은 열광했다. 오랜 리허설의 결과로 나온 예술성 높은 연기와 무대는 한국관객에게 각별한 경험이었다. 이 태양극단은 1964년 소르본 대학에서 연극을 하던 젊은이들에 의해 연극에의 순수한 열정만으로 '공동제작, 공동운영, 공동훈련'의 슬로건 아래 창단되었다. 창단멤버들은 좌익 이데올로기와 새로운 대중관객을 대상으로 하는 공연에 대한 공동의 관심사를 갖고 있었다. 태양극단이라는 이름은 '빛, 관대함, 즐거움'을 상징하는 것으로서

채택되었고, 이때부터 30년간 이 극단을 지켜온 연출가가 아리안느 므누슈킨(Ariane Mnouchkine)이다. 므누슈킨은 대학에서 심리학을 공부하면서 옥스퍼드와 소르본의 학생들로 구성된 파리 학생연극연합에서 극단 운영을 맡으며 연극에 입문했다.

므누슈킨은 태양극단 프로덕션의 연출자 역을 맡아왔다. 그녀는 연극을 만드는 일은 곧 "삶을 만드는 일"이라 생각하며, 하나의 극단은 "연극의 학교이며 공동생활, 교환과 공동분배의 학교"임을 실천해왔다. 그래서 그녀와 극단원들과의 관계는 고용관계가 아니며, 배우들이 중심이 되지만 행정책임자, 음악가, 가면제작자, 무대디자이너, 식당 담당 스태프 등이 상임으로 작업하는 태양극단은 모든 공연의 준비과정에서 끊임없는 토론을 중시한다.

태양극단은 1967년 아놀드 웨스커의 「부엌」으로 이름을 얻기 시작했다. 막심 고리키, 테오필 고티에, 셰익스피어 등의 작품을 무대화한 초기 작업에서부터 이 극단의 작업 원칙은 므누슈킨을 정점으로 한 집단창작 방식이다. 즉, 작품이 선정되면 므누슈킨은 배우들 스스로 연구하고, 역을 찾게 한다. 배우들은 소그룹으로 모여 장면들을 만들어보고, 저녁이면 함께 토론을 거쳐 알맞은 장면들을 선택하게 된다. 므누슈킨은 일찍부터 연출의 큰 방향을 축제, 개그, 해학 그리고 코메디아 델라르테를 혼합한 방식으로 잡았다. 배우의 능력을 강화하고 무대에 대한 기존관념을 뒤엎으면서 축제적인 분위기 속에서 대중관객과의 친밀함을 극대화하고자 했던 것이 이 극단의 창단이념에서 나온 방향설정이었다.

1968년 5월의 학생혁명은 태양극단 방향전환의 계기가 되었다. 극단의 젊은 배우들은 혁명이 주창하는 사회주의에 공감하면서 정치·사회적 문제들을 연극으로 만들고 싶어 했다. 그 결과로 나온 작품이 「어릿광대들」(1969)이다. 이 작품은 전통극의 관례를 깨고 순전히 마당놀이 형식으로 소외계층의 삶을 그린 사회극으로서, 줄거리와 인물을 포기하고, 무대에는 관객들 머리 위로 극장을 가로지르는, 일본 가부키의 기법인 하나미치(花道)를 설치하였다. 또한 가부키와 코메디아 델라르테의 분장법을 혼용했으며, 그리스 극의 코러스와 브레히트식의 낭송자가 등장했다. 「어릿광대들」로부터 태양극단의 실질적인 황금기가 시작되며, 집단창조에서는 텍스트까지 함께 만들어내는 작업방식이 본격적으로 시작되었다. 이 작업방식을 통해 극단원들은 당대의 정치적 문제들을 연극 속에 수용했고, 예술가의 사회적 역할에 대한 자의식을 발전시켜 갔다.

태양극단은 1970년 파리 시의회의 배려로 파리 외곽의 뱅센느 숲속에 있는 '카르투슈리'를 연습장소이자 공연공간으로 갖게 되었다. 19세기 초반 지어진, 버려져 있던 탄약공장인 카르투슈리는 파리 북동쪽 샤토 드 뱅센느 지하철역에서 자동차로 10여 분 걸리는 곳에 있으며, 태양극단이 정착한 후 몇 년 지나지 않아 파리의 주요 연극센터가 되었다. 현재 이곳에는 테아트르 드 라 텅페트를 비롯해 여러 그룹들이 군집해 있고,

배우들 자녀의 교육을 위한 학교까지 있다. 카르투슈리에서의 공연관람은 여느 극장에서와는 다른 경험을 준다. 주변의 전원 풍경부터 일상에서의 해방감을 부여하며, 공연 시작 한 시간 전 므누슈킨이 막대기로 바닥을 세 번 친 후 직접 극장문을 열고 관객들을 맞이하면 연극의 세계가 개방되기 때문이다. 극장의 로비에서는 수백 명이 식사를 할 수 있고, 준비실, 의상실, 분장실 등이 개방되어 있기 때문에 관객들은 배우들이 변신하는 모습을 지켜볼 수 있다. 관객 참여를 공연에서의 중요한 요인으로 보고 있는 므누슈킨은 이러한 개방성이 관객과의 올바른 관계정립을 위해 필수적이라 생각한다.

카르투슈리에서의 첫 공연으로 2년 동안의 장기공연에 25만여 명의 관객이 관람한, 「1789년: 혁명은 행복의 완성에서 멈추어야 한다」는 태양극단을 신화가 되게 한 작품이다. 1789년의 프랑스 대혁명을 다룬 이 작품을 므누슈킨은 민중의 시각에서 만들어냈다. 준비작업 역시 다른 작품 때와 달랐다. 단원들은 여러 그룹으로 나뉘어 역사적 사실들을 조사하며 자료를 모았고, 역사서들을 읽고 강의도 들었다. 이렇게 해서 즉흥작업을 위한 내용들이 걸러졌고 그 결과는 혁명기의 사건들에 대한 일관된 설명이 아니라 다양한 시각을 대표하는 스케치들의 콜라주였다. 이 콜라주는 시대의상을 입은 나레이터들에 의해 연결되며 다양한 공연양식으로 다섯 개의 무대 위에 펼쳐졌다. 음악, 춤, 레슬링, 곡예 등이 곁들여진 「1789년」은 활력 넘치는 운동성, 밝은 색깔, 관객과의 단순하고도 직접적인 의사소통으로 역동적이고 축제적이었다. 세심하고도 치밀하게 준비되었지만 외형적으로는 형식에 구애받지 않는 공연을 혁명기의 군중으로 상정된 관객들은 계속 이동하며 관람했다. 공연의 클라이맥스는 바스티유 함락 장면이었다. 수시로 객석으로 내려와 관객의 정서적 참여를 유도했던 배우들과 함께 관객은 모두들 한 덩어리가 되어 같은 경험을 공유했다. 이 공연으로 '집단창조'라는 므누슈킨의 연출방식은 이후 다른 많은 극단들에게 영향을 주었다.

18개월의 준비를 거쳐 1975년 태양극단은 코메디아 델라르테를 20세기에 맞게 발전시킨 「황금시대」를 공연했고, 국내외의 순회공연에서 많은 호응을 얻었다. 그러나 집단창작에서 늘 결핍으로 지적된 언어의 아름다움을 므누슈킨은 셰익스피어에게서 찾았고, 1980년대 초반부터 일련의 셰익스피어 극을 무대화했다. 이때쯤 므누슈킨은 아르토의 "연극은 동양적이다"라는 말을 상기하며 동양을 연극형식의 유일한 발생지로 인식하게 된다. 태양극단을 창단하기 전에 여행했던 캄보디아, 일본 등지의 경험에서 영향을 받은 것은 물론, 그녀는 셰익스피어 극의 표현을 위해 동양 전통극의 양식과 이미지들로부터 연극적인 상상력을 발전시켰다. 가부키와 노의 전통에서 그녀는 서양 광대극이나 코메디아 델라르테로는 도달하지 못했던 비극적 표현의 세계를 발견했던 것이다.

1990년대에 접어들며 므누슈킨은 서양과 동양의 연극을 접목하는 시도를 한다. 그 시도의 결과가 아가멤논, 엘렉트라,

오레스테스로 연결되는 아틀레우스 가문의 비극을 다룬 「아틀레우스 가의 사람들」 연작이다. 이 작품들을 므누슈킨은 일본의 가부키, 인도의 카타칼리 춤 등의 형식으로 형상화했다. 배우의 신체를 중시하고, 절제된 무대장치와 화려한 의상, 극행위의 중요한 보조역할을 하는 가면과 분장 등 동양연극의 특성을 자신의 작업에 접목시킨 것이다. 이 작품들은 서양과 동양이 만난 신비의 스펙터클이란 찬사를 들었다.

프랑스 민중연극의 선구자들인 장 빌라르, 앙트완 비테즈가 꿈꾸었던 이상, 즉 '엘리트적이면서 동시에 대중적인 연극'을 실현시킨 므누슈킨의 작업에선 브레히트, 코포, 아르토, 크레이그의 이상과 주장이 엿보이면서도 태양극단만의 독창성은 아직까지도 세계의 관객을 매혹시키고 있다. 태양극단의 대부분의 프로덕션이 집단 창작품이라는 라벨로 발표되었지만, 므누슈킨이 실질적인 연출자였다. 그럼에도 그녀는 단지 극단의 연출가로 소개될 뿐이다. 오직 연극에 대한 열정을 중시하는 므누슈킨의 예술가적 면모에 덧붙여 인간적 면모를 알 수 있는 대목이다.

윌슨의 이미지 연극

로버트 윌슨(Robert Wilson)의 작업과 면모를 연구한 책자를 쓴 아서 홀름버그(Arthur Holmberg)는 윌슨을 "아방가르드의 마술사"라 칭하며 재능의 다면성과 다층성에서 그를 능가할

20세기의 연극인은 없다는 전제 하에 윌슨이 연출가, 춤꾼, 극작가, 퍼포먼스 예술가, 화가, 조각가, 비디오 아티스트, 음향 디자이너, 세트 디자이너, 조명 디자이너, 안무가, 교육자, 치료사, 흥행주라고 소개한다. 이 소개로써 윌슨의 면모는 정리된 셈이나 윌슨은 1941년 생으로 1960년대에 연극에 입문했고, 1970년대를 풍미한 소위 이미지 연극의 대표주자들 중 한 사람이다.

'이미지 연극'이란 용어는『퍼포밍 아츠 저널』의 편집자이자 연극이론가인 보니 마랭카가 1960년대 뉴욕을 중심으로 활동한 공동체적 실험극단의 뒤를 이어 1970년대에 나타나기 시작한 미국 실험극의 후기 양상을 정의한 개념이다. 이미지 연극은 기존의 언어중심 연극에 대한 새로운 대안으로서 대사 위주의 희곡언어를 배우의 신체와 조명의 움직임, 음향, 무대 장치 등의 연극적 표현매체들을 동원하여 '감각의 언어'로 대체하며 그것들이 만들어내는 다양한 시청각적 이미지들로 새로운 지각의 경험세계를 창조하려는 연극이다. 이런 공연들은 연극에 여러 가지 혁신을 가져와 연극언어를 확장했다. 즉, 근본적으로 비문학적인 연극으로서 희곡 대신에 '시나리오'가 있거나 아예 텍스트가 부재하기도 하고, 배우는 더 이상 '배역'의 재현자가 아니며, 아마추어 연기자의 자연스런 움직임과 에너지의 흐름이 프로덕션의 출발점이 된다. 또한 시간과 공간의 실험에서 콜라주, 동시성, 브리콜라주, 타블로의 기법들이 사용되므로 단순히 공연이라기보다 이벤트의 성격을 띠고, 무엇을 보느냐가 아니라 '어떻게 보느냐'가 중시되는 과정 중심의 작업방식을 이용한다. 이런 특성들이 그대로 발견되는 윌슨의 연극은 '이미지 연극', '비전의 연극', '은유의 광상곡', '침묵의 오페라'로 불린다.

미국 텍사스 출신인 윌슨은 17세 때까지 언어장애를 겪다가 무용수 버드 호프만 여사의 신체이완 훈련을 받고 장애를 극복하면서 신체와 정신지체의 정신작용에 대해 주목하며 인간의 내면세계와 외면세계의 소통 가능성을 모색하게 된다. 이때 지체아들로 구성된 아동극단과 작업하며 윌슨은 자연스레 언어가 아니라 연극의 물질적인 것들, 즉 배우, 오브제, 관객에 주목하게 된다. 마침 경영학 공부를 포기하고 뉴욕의 프랫 인스티튜트에서 공부한 건축과 인테리어 디자인은 그로 하여금 정밀한 치수와 비례에 대한 감각, 기하학적 표현력을 키우게 했고, 뉴욕에서 공부하는 동안 심취했던 마사 그래함, 알윈 니콜라이, 머쓰 커닝햄과 같은 공연예술가들의 작업, 해프닝의 공연방식, 나중에 미니멀 아트를 낳은 미국 추상 표현주의 화가 조지 맥닐에게서 배운 회화 공부 등도 윌슨에게 영향을 주었다.

윌슨은 시각적 감각능력이 뛰어난 벙어리 소년 레이몬드 엔드류즈를 통해 인간에게는 외부에서 들어오는 감각을 받아들이는 '외부막'과 상상이나 직관의 영역인 '내부막'이 있다는 것을 알게 된다. 윌슨이 궁극적으로 무대 위에서 표현하고자 한 것은 이 외부막과 내부막이 하나가 되는 상태이며, 관객으로 하여금 내면세계를 인식하도록 유도하려는 것이다. 그러므로 월슨은 기존의 인식체계인 발설언어가 아니라 상상과 직관을 자극하는 비언어적 소통체계를 추구한다. 월슨의 연출 작업은 대본분석이 아니라 드로잉과 다이어그램 그리기 등 공간을 메우고 분할하는 스케치로 시작된다.

초기의 대표작으로 평가되는 「농아의 눈짓」은 꿈의 상태 속 무의식의 자유로운 유희를 보여주는 것 같은 극이었다. 그러나 1970년대 후반 이미지 연극이 하강하게 되자 월슨의 연극도 홀름버그의 말대로 "기호학에서 의미론"으로 차츰 변하여 「빅토리아 여왕에게 보낸 편지」나 「해변의 아인슈타인」과 같은 작품에서는 어느 정도 논리와 맥락이 있는 언어가 사용된다. 그러나 이런 작품들에서도 언어는 시간적, 토론적 맥락에서 떼어내져 오브제화되고, 단조롭고 느린 행위의 반복, 이미지, 소리, 제스처가 병치된다. 언어의 문학적 가치체계를 전복하는 그의 작업 특징은 여전히 계속되고 있는 것이다.

월슨은 1970년대 중반부터 주류의 연극관객들 사이에 회자되는 예술가이다. 그의 연극에서 보이는 너무도 아름다운 무대와 이미지는 관객을 압도하지만 너무 유미적이라는 부정적 시각도 있고, 미국 출신의 예술가이지만 월슨은 조국에서는 외면당해 독일 함부르크의 탈리아 테아터를 근거지로 아직도 왕성하게 활동하고 있다.

20세기의 위대한 연극인들 배우, 연출가, 극작가

펴낸날	초판 1쇄 2005년 3월 10일
	초판 3쇄 2015년 10월 21일

지은이	김미혜
펴낸이	심만수
펴낸곳	(주)살림출판사
출판등록	1989년 11월 1일 제9-210호

주소	경기도 파주시 광인사길 30
전화	031-955-1350 팩스 031-624-1356
기획·편집	031-955-4671
홈페이지	http://www.sallimbooks.com
이메일	book@sallimbooks.com

ISBN	978-89-522-0344-1 04080

054 재즈

eBook

최규용(재즈평론가)

즉흥연주의 대명사, 재즈의 종류와 그 변천사를 한눈에 알 수 있도록 소개한 책. 재즈만이 가지고 있는 매력과 음악을 소개한다. 특히 초기부터 현재까지 재즈의 사조에 따라 변화한 즉흥연주를 중심으로 풍부한 비유를 동원하여 서술했기 때문에 재즈의 역사와 다양한 사조의 특징을 쉽게 이해할 수 있다.

255 비틀스

eBook

고영탁(대중음악평론가)

음악 하나로 세상을 정복한 불세출의 록 밴드. 20세기에 가장 큰 충격과 영향을 준 스타 중의 스타! 비틀스는 사람들에게 꿈을 주었고, 많은 젊은이들의 인생을 바꾸었다. 그래서인지 해체한 지 40년이 넘은 지금도 그들은 지구촌 음악팬들의 많은 사랑을 받고 있다. 비틀스의 성장과 발전 모습은 어떠했나? 또 그러한 변동과정은 비틀스 자신들에게 어떤 의미였나?

422 롤링 스톤즈

eBook

김기범(영상 및 정보 기술원)

전설의 록 밴드 '롤링 스톤즈'. 그들의 몸짓 하나하나는 우리가 생각하는 것보다 훨씬 더 탁월한 수준의 음악적 깊이, 전통과 핵심에 충실하려고 애쓴 몸부림의 흔적들이 존재한다. 저자는 '롤링 스톤즈'가 50년 동안 추구해 온 '진짜'의 실체에 다가가기 위해 애쓴다. 결성 50주년을 맞은 지금도 구르기(rolling)를 계속하게 하는 힘. 이 책은 그 '힘'에 관한 이야기다.

127 안토니 가우디 아름다움을 건축한 수도자

eBook

손세관(중앙대 건축공학과 교수)

스페인의 세계적인 건축가 가우디의 삶과 건축세계를 소개하는 책. 어느 양식에도 속할 수 없는 독특한 건축세계를 구축하고 자연과 너무나 닮아 있는 건축가 가우디. 이 책은 우리에게 건축물의 설계가 아닌, 아름다움 자체를 건축한 한 명의 수도자를 만나게 해준다.

131 안도 다다오 건축의 누드작가

임재진(홍익대 건축공학과 교수)

일본이 낳은 불세출의 건축가 안도 다다오! 프로복서와 고졸학력, 독학으로 최고의 건축가 반열에 오른 그의 삶과 건축, 건축철학에 대해 다뤘다. 미를 창조하는 시인, 인간을 감동시키는 휴머니즘, 동양사상과 서양사상의 가치를 조화롭게 빚어낼 줄 아는 건축가 등 그를 따라다니는 수식어의 연원을 밝혀 본다.

207 한옥

박명덕(동양공전 건축학과 교수)

한옥의 효율성과 과학성을 면밀히 연구하고 있는 책. 한옥은 주위의 경관요소를 거르지 않는 곳에 짓되 그곳에서 나오는 재료를 사용하여 그곳의 지세에 맞도록 지었다. 저자는 한옥에서 대들보나 서까래를 쓸 때에도 인공을 가하지 않는 재료를 사용하여 언뜻 보기에는 완결미가 부족한 듯하지만 실제는 그 이상의 치밀함이 들어 있다고 말한다.

114 그리스 미술 이야기

노성두(이화여대 책임연구원)

서양 미술의 기원을 추적하다 보면 반드시 도달하게 되는 출발점인 그리스의 미술. 이 책은 바로 우리 시대의 탁월한 이야기꾼인 미술사학자 노성두가 그리스 미술에 얽힌 다양한 이야기를 재미있게 풀어놓은 이야기보따리이다. 미술의 사회적 배경과 이론적 뿌리를 더듬어 감상과 해석의 실마리에 접근하는 또 다른 시각을 제공하는 책.

382 이슬람 예술

전완경(부산외대 아랍어과 교수)

이슬람 예술은 중국을 제외하고 가장 긴 역사를 지닌 전 세계에 가장 널리 분포된 예술이 세계적인 예술이다. 이 책은 이슬람 예술을 장르별, 시대별로 다룬 입문서로 이슬람 문명의 기반이 된 페르시아 · 지중해 · 인도 · 중국 등의 문명과 이슬람교가 융합하여 미술, 건축, 음악이라는 분야에서 어떻게 표현되었는지 설명한다.

417 20세기의 위대한 지휘자 eBook

김문경(변리사)

뜨거운 삶과 음악을 동시에 끌어안았던 위대한 지휘자들 중 스무 명을 엄선해 그들의 음악관과 스타일, 성장과정을 재조명한 책. 전문 음악칼럼니스트인 저자의 추천음반이 함께 수록되어 있어 클래식 길잡이로서의 역할도 톡톡히 한다. 특히 각 지휘자들의 감각 있고 개성 있는 해석 스타일을 묘사한 부분은 이 책의 백미다.

164 영화음악 불멸의 사운드트랙 이야기 eBook

박신영(프리랜서 작가)

영화음악 감상에 필요한 기초 지식, 불멸의 영화음악, 자신만의 세계를 인정받는 영화음악인들에 대한 이야기를 담았다. 〈시네마천국〉〈사운드 오브 뮤직〉 같은 고전은 물론, 〈아멜리에〉〈봄날은 간다〉〈카우보이 비밥〉 등 숨겨진 보석 같은 영화음악도 소개한다. 조성우, 엔니오 모리꼬네, 대니 앨프먼 등 거장들의 음악세계도 엿볼 수 있다.

440 발레 eBook

김도윤(프리랜서 통번역가)

〈로미오와 줄리엣〉과 〈잠자는 숲속의 미녀〉는 발레 무대에 흔히 오르는 작품 중 하나다. 그런데 왜 '발레'라는 장르만 생소하게 느껴지는 것일까? 저자는 그 배경에 '고급예술'이라는 오해, 난해한 공연 장르라는 선입견이 존재한다고 지적한다. 저자는 일단 발레라는 예술 장르가 주는 감동의 깊이를 경험하기 위해 문 밖을 나서길 원한다.

194 미야자키 하야오 eBook

김윤아(건국대 강사)

미야자키 하야오의 최근 대표작을 통해 일본의 신화와 그 이면을 소개한 책. 〈원령공주〉〈센과 치히로의 행방불명〉〈하울의 움직이는 성〉이 사랑받은 이유는 이 작품들이 가장 보편적이면서도 가장 일본적인 신화이기 때문이다. 신화의 세계를 미야자키 하야오의 작품과 다양한 측면으로 연결시키면서 그의 작품세계의 특성을 밝힌다.

eBook 표시가 되어있는 도서는 전자책으로 구매가 가능합니다.

㈜살림출판사
www.sallimbooks.com
주소 경기도 파주시 문발동 522-1 | 전화 031-955-1350 | 팩스 031-955-1355